Klaus Kordon
Ein Trümmersommer

Klaus Kordon

Ein Trümmersommer

Roman

Ebenfalls lieferbar: *Ein Trümmersommer* – Arbeitsheft für Lehrer/-innen
ISBN 978-3-407-99092-1
Beltz Medien-Service, Postfach 100565, 69445 Weinheim
Kostenloser Download: www.beltz.de/lehrer

www.beltz.de
© 1982, 1994 Beltz & Gelberg
in der Verlagsgruppe Beltz · Weinheim Basel
Werderstraße 10, 69469 Weinheim
Alle Rechte vorbehalten
Neue Rechtschreibung
Einbandgestaltung: Max Bartholl
Einbandfoto: Horst Baumann
Gesamtherstellung: Beltz Bad Langensalza GmbH, Bad Langensalza
Printed in Germany
ISBN 978-3-407-78432-2
20 21 22   18 17 16

1. Eules Mutter

Es war ein mühseliger Aufstieg. Mal war es ein Mauerrest, der Pit und Eule den Weg versperrte, mal ein verkohlter Balken, der wie ein schiefes Ausrufezeichen im Trümmerschutt steckte. Bot sich eine Möglichkeit zum Ausweichen, kletterten die beiden Jungen um das Hindernis herum, bot sich keine Möglichkeit, stiegen sie vorsichtig darüber hinweg. Sie waren nicht zum ersten Mal in den Trümmern, sie wussten, ein falscher Schritt und alles geriet ins Rutschen.

Ihr Ziel war der Eisenträger, der in dem Trümmerberg steckte, als sei er senkrecht vom Himmel gefallen. Sie hatten ihn von unten gesehen, aber nicht gedacht, dass der Aufstieg so lange dauern würde. Endlich aber hatten sie es geschafft. Atemlos und verschwitzt sahen sie auf die Ruinenlandschaft zu ihren Füßen hinunter. Kahle, teilweise verbrannte oder bröcklige Fassaden bestimmten das Bild. Dazwischen Eisenträger und Schutt, und auf dem Schutt Unkraut, hohe staudenartige Gewächse, und ab und zu ein kleiner Baum.

»Hätten sie ein paar Bomben mehr an Bord gehabt, hätte es auch die Rügener erwischt.« Pit war auf einmal beklommen zumute. Er erinnerte sich genau an jene Nacht vor drei Jahren, in der die Bomber diesen Teil der Stadt angegriffen hatten. Die Mutter und er hatten im Luftschutzkeller gesessen und sich eng aneinander gepresst. Über ihnen hatte es gepfiffen und gekracht, als stürze die Welt zusammen. Am Morgen danach hatten sie dann auf der Straße gestanden und es kaum glauben können: Die Häuser östlich und südlich der Rügener Straße waren verschwunden, nur rauchende Trümmer waren übrig geblieben. Und weinende Menschen, die nach Angehörigen suchten. Die Mutter sagte, er solle diese Nacht vergessen, aber das konnte er nicht. Er träumte sogar von ihr. Immer wieder saß er im Traum im Luftschutzkeller und sah die angstgrauen Gesichter der Nachbarn. Und in dem Traum geschah, was in Wirklichkeit nicht passiert war: Er sah Risse in den Kellerwänden, sah die Decke einstürzen, wollte schreien und konnte es nicht. Danach lag er jedes Mal lange wach und fürchtete sich.

»Gehen wir wieder«, schlug Eule vor. Es war Pits Idee gewesen, hier hinaufzusteigen.

Pit klopfte sich den Steinstaub vom Hosenboden, dann machten sie sich an den Abstieg. Diesmal schlugen sie einen anderen Weg ein, einen, der nicht ganz so viele Hindernisse aufzuweisen hatte. Dafür war er länger und führte sie immer weiter von der Stelle fort, an der sie ihren Aufstieg begonnen hatten.

Hinter einem etwas kleineren, steil aufragenden Schuttberg saß eine Gruppe Frauen. Sie hatten sich zwischen rostbraunen Loren und Steinstapeln niedergelassen und aßen ihre Pausenbrote. Es waren Trümmerfrauen, Frauen, die die brauchbaren Steine aus dem Schutt lasen, sie mit kleinen spitzen Hämmern vom Mörtel befreiten und aufstapelten. Nicht weit von den Frauen kraxelte ein alter Mann herum. Er suchte nach Türen und Fensterrahmen und lud das zersplitterte Holz auf einen Handwagen.

Eule musste an den zurückliegenden Winter denken. Im Januar, als die Eiseskälte ihren Höhepunkt erreicht hatte, hatte die Mutter Fred und ihn immer wieder losgeschickt, etwas Brennbares zu besorgen. Doch sie fanden nur selten etwas, meistens kamen sie mit leeren Händen nach Hause. Dann hieß es zusammenkriechen und sich gegenseitig wärmen. Der Alte dort dachte schon jetzt an den nächsten Winter, dabei war es erst August, Ferienzeit. Aber er hatte Recht, es wäre gar nicht dumm, wenn Fred und er dieses Jahr auch etwas früher auf die Suche gingen ...

Die Trümmerfrauen beendeten ihre Pause, mit steifen Beinen gingen sie an die Arbeit zurück. Einige kamen Pit und Eule entgegen. »Macht, dass ihr wegkommt«, schimpften sie. »Die Trümmer sind kein Spielplatz.«

»Ach nee!« Pit wollte etwas Freches erwidern, kam aber nicht dazu, Eule packte seinen Arm und zog ihn hinter einen Steinquader.

»Was ist denn?«

»Meine Mutter! Da vorn ist meine Mutter.«

Pit folgte Eules Blick und sah zwei Frauen, die mit langstieligen Schaufeln eine Lore mit Schutt beluden. Als die eine der beiden Frauen sich umwandte, erkannte auch er Eules Mutter. »Arbeitet deine Mutter nicht mehr bei der Liesecke?«, fragte er erstaunt.

Eule antwortete nicht. Er wandte keinen Blick von den beiden Frauen, die nun die voll gefüllte Lore die Schienen entlangschoben. Der Frau Liesecke gehörte die Bäckerei in der Rügener Straße. Als Herr Liesecke in den Krieg musste, hatte Frau Liesecke die Mutter eingestellt. Der Mutter gefiel die saubere und angenehme Arbeit hinter dem Ladentisch der Bäckerei. Außerdem war immer Brot im Haus. Als dann die Nachricht kam, dass Herr Liesecke in Frankreich gefallen war, hatte die Mutter geglaubt, sie könne für längere Zeit bei der Frau Liesecke bleiben. Weshalb hatte sie nichts davon erzählt, dass sie jetzt in den Trümmern arbeitete?

Die beiden Frauen schoben die Lore eine Schräge hoch. Sie mussten sich anstrengen, bekamen rote Köpfe und gerieten außer Atem. Dann hatten sie die Lore oben, Eules Mutter hielt sie fest und die andere Frau stellte die Weiche. Danach gaben sie zu zweit der Lore einen Stoß und sahen zu, wie sie die Schräge auf der anderen Seite hinunterrollte. Einen Augenblick verschnauften sie, dann holten sie sich eine leere Lore und schoben sie den Weg zurück.

Eule stand auf. Es sah aus, als wollte er seiner Mutter entgegengehen. Doch er blieb stehen, als wäre er auf dem Schutt festgewachsen.

Pit verstand die Szene nicht. Wieso war Eule so überrascht? Es war doch nichts dabei, dass seine Mutter nun in den Trümmern arbeitete. Spatz' Mutter arbeitete in einer Fabrik, die aus Stahlhelmen Kochtöpfe machte, das war auch keine leichte Arbeit.

»Bernd!« Frau Eulenberg hatte ihren Sohn entdeckt. Überrascht ließ sie die Lore los.

Eule drehte sich um und lief davon. Er lief so hastig, als würde er verfolgt. Erst als er das Trümmerfeld hinter sich gelassen hatte, wurde er langsamer. Pit holte ihn ein und ging neben ihm her, bis sie die Rügener Straße erreicht hatten.

Morgen um 10!, stand mit Kreide an die Haustür Nr. 14 geschrieben. Und darunter hatte jemand ein dickes B gemalt.

B stand für Ballo. Und morgen um zehn Uhr sollten sie bei ihm sein. »Soll ich dich abholen?«, fragte Pit. Eule nickte nur stumm. Dann öffnete er die Haustür und stieg die Treppen empor. Pit folgte ihm bis in den ersten Stock; dort, hinter der Tür mit dem Messingschild, auf dem Paul Kagelmann stand, wohnte er. Eigentlich hätte ja Anna Kagelmann auf dem

Schild stehen müssen, einen Paul Kagelmann gab es schon lange nicht mehr, aber die Mutter wollte, dass auch nach Vaters Tod sein Name an der Tür stand.
»Kommst du nachher noch mal zu mir runter?«
»Heute nicht«, antwortete Eule leise. Dann ging er weiter.

Normale Zeiten

Fred versuchte den Plattenspieler zu reparieren. Er hatte irgendwo zwei Platten abgestaubt, nun wollte er sie hören und fummelte mit dem Schraubenzieher an dem aufgeklappten schwarzen Kasten herum. Eule saß ihm gegenüber. Den Kopf in die Hände gestützt, die Ellenbogen auf dem Tisch, las er in dem Buch, das Pit ihm geborgt hatte. Es hieß *Der Wildtöter*, spielte in Amerika und handelte von Trappern und Indianern. Manchmal war das Buch sehr spannend, manchmal langweilig. Kam Eule an eine langweilige Stelle, hob er den Kopf und sah zu, wie Fred planlos mal hier, mal dort in dem Plattenspieler herumstocherte, den die Mutter nur aufhob, weil er ein Hochzeitsgeschenk war.

»Scheißdreck!« Fred hatte sich mit dem Schraubenzieher in die Hand gestochen. Er lutschte das Blut ab und sah Eule finster an.

Die beiden Brüder sahen einander ähnlich, hatten das gleiche braune Haar, die gleichen dunklen Augen und das gleiche schmale, ein wenig blasse Gesicht. Aber Fred war siebzehn und musste sich schon seit zwei Jahren rasieren, Eule war erst dreizehn.

Karin saß auf der Couch und sortierte Schauspielerbilder. Das war ihre Lieblingsbeschäftigung. Sie wollte zum Film. Manchmal sang und tanzte sie vor dem Spiegel. Sie sang auch jetzt, wollte Fred ärgern: »Eine Glatze hat er schon, fehlt nur noch das Grammophon!«

Fred nahm die Hand vom Mund, stand auf und ging zur Couch. Er schob Karin weg, fegte dabei die Schauspielerbilder vom Tisch und legte sich der Länge nach auf die Couch. Karin starrte auf ihre Bilder, dann stürzte sie vor. »Du blöder Hund!«, schrie sie den Bruder an und trommelte mit den Fäusten auf ihn ein.

Fred packte ihren Rock, ihren einzigen: »Hau ab oder ich zerfetze ihn dir! Dann kannst du im Schlüpfer mit Hansi vor der Haustür stehen.«

Karin suchte ihre Bilder zusammen und schimpfte: »Eines Tages wisch ich dir eins aus, das versprech ich dir.«

Hansi war Karins Freund, ging in ihre Klasse und wohnte im Hinterhaus. Die beiden standen oft vor der Haustür und unterhielten sich.

Eule mochte die zwei Jahre ältere Schwester. Das lange braune Haar, in dem sie abwechselnd ein rotes, grünes oder blaues Band trug, die großen, meist ein wenig frech blickenden Augen – Karin konnte sich sehen lassen. Und sie war auch sonst ganz in Ordnung.

Eules Blick fiel auf Dieter. Der kleine Bruder lachte. Er dachte, die beiden Großen machten Spaß, nahm einen Bauklotz und warf damit. Dieter war schon sechs Jahre alt, aber er sprach nicht. Oft machte er in die Hose oder ins Bett. Wenn die Mutter nicht da war, schrie Karin ihn dann an. Hinterher schämte sie sich, drückte und küsste ihn: »Er kann ja nichts dafür, er ist ja noch ein Baby.« Dr. Blankenburg, der Arzt aus dem Nachbarhaus, der nur noch praktizierte, weil es nicht genug jüngere Ärzte gab, hatte das gesagt: Dieter war in seiner Entwicklung zurückgeblieben, an anderen Kindern gemessen, war er nicht einmal zwei Jahre alt.

Eule klappte das Buch zu. Er konnte nicht mehr lesen. Ob Fred von Mutters neuer Arbeit wusste? Sicher nicht. Und Karin wusste ganz bestimmt nichts. Wüsste sie davon, wüsste es das ganze Haus.

»Wo bleibt sie denn heute? Mir knurrt schon die Wampe!« Fred massierte sich seinen Bauch.

»Mach dir doch selber was zu essen«, schlug Karin vor.

»Ist ja nichts da.«

»Musst du dir was wünschen.« Karin lachte.

Fred sprang auf und holte aus. »Halt's Maul oder …!«

»Oder was?«

Fred kam nicht mehr dazu, darauf zu antworten. Die Tür ging, die Mutter kam. »Euch hört man ja bis ins Treppenhaus«, rief sie im Flur. Dann ging sie in die Küche.

Eule sprang auf und folgte der Mutter. Sie stellte ihre Tasche auf dem Küchentisch ab, drehte sich um und sah ihn fragend an. Eule wollte etwas sagen, wollte fragen, doch erst wusste er nicht, wie er beginnen sollte, dann bemerkte er, wie verkrampft die Mutter dastand. Er ahnte, dass ihr der Rücken schmerzte und die Arme schwer waren und dass es sie viel Mühe kostete, sich aufrecht zu halten, und fragte nichts. Und dann kam Fred und guckte in Mutters Tasche. Er fand ein halbes Brot, nahm es heraus, brach ein Stück ab und biss hinein. Kauend entschuldigte er sich: »Ich hab einen Wahnsinnshunger.«

Die Mutter nahm Fred das Brot weg. »Beherrsch dich!«, fuhr sie ihn an. »Du bist nicht der Einzige, der Hunger hat.«

»Ich kann vor Hunger kaum noch geradeaus gehen«, verteidigte sich Fred. Er war wirklich sehr mager. Die lange Hose, die er trug, wurde nur von einem straff gezogenen Gürtel gehalten. Die Schultern in dem dünnen, an einigen Stellen schon gänzlich durchgescheuerten Pullover standen spitz hervor.

»Hunger hast du immer, nur arbeiten, um satt zu werden, willst du nicht«, entgegnete die Mutter.

»Das sagst du jedes Mal. Besorg mir doch Arbeit, wenn es nur an mir liegt, dass ich keine finde.« Fred setzte sich auf den Fenstersims und sah in den Hof hinunter.

»Die Arbeit, die du suchst, gibt es nicht nach einem verlorenen Krieg«, sagte die Mutter. Sie begann, Kartoffeln aus der Tasche zu nehmen, und fuhr fort: »Du machst so lange, bis wir Ärger bekommen. Du weißt genau, dass für alle Männer ab vierzehn Arbeitspflicht besteht.«

»Mit vierzehn ist man noch kein Mann. Manche gehen ja bis achtzehn noch zur Schule.«

»Dann geh doch wieder zur Schule.«

»Dazu bin ich zu alt.«

»Zur Schule zu alt, zur Arbeit zu jung, nur zum Faulenzen scheinst du das richtige Alter zu haben. Wenn die Behörden das mitkriegen, nehmen sie dich mir weg.«

»Die kriegen nichts mit«, sagte Fred. »Die haben mit sich selbst zu tun.«

Die Mutter seufzte. Es war nicht das erste Mal, dass sie darüber sprachen; der Ausgang des Gesprächs war immer der gleiche. »Die Kartoffeln sind für heute, das Brot ist für morgen.« Sie nahm zwei Messer aus dem Küchenschrank, rief Karin und winkte Eule und gab jedem ein Messer. »Schält nicht zu dick und werft die Schalen nicht weg, wir brauchen sie noch.«

»Für Kartoffelpuffer, ich weiß!« Karin verzog das Gesicht. »Die Schalen nicht zu dick, aber trotzdem Kartoffelpuffer daraus machen! Da fressen wir ja Dreckpuffer.«

»Ich kann's nicht ändern.« Die Mutter setzte sich, zog die Schuhe aus, rieb sich die Füße und betrachtete die kaputten Strümpfe. »Die sind nun auch hinüber.«

»Geh doch barfuß wie ich.« Karin streckte ihr rechtes Bein in die Höhe. Der Fuß war schmutzig, die Haut hornig und rissig. Die Mutter hatte ihr für den Winter Schuhe versprochen, wusste aber nicht, woher sie sie bekommen sollte. Es war schwierig, Bezugsscheine* für Schuhe zu erhalten. Karin erinnerte die Mutter immer wieder daran; sie hatte Angst, im Winter wieder Vaters alte Botten tragen zu müssen.

Dieter kam durch den Flur. »Ma-ma, Ma-ma«, machte er. Die Mutter ging ihm auf Strümpfen entgegen, nahm ihn in die Arme und wiegte ihn.

»Wo warst du heute eigentlich?«, fragte Karin die Mutter. »Bei Lieseckes jedenfalls nicht. Frau Liesecke hat selber verkauft, ich hab sie im Laden gesehen.«

»Hat Bernd euch nichts erzählt?«

Eule beugte sich über die Kartoffel, die er gerade schälte.

»Frau Liesecke hat wieder einen Mann«, sagte die Mutter da. »Sie braucht mich nicht mehr.«

»Und was machst du jetzt?« Karin ließ das Messer sinken.

»Trümmerfrau.«

---

* Waren, die nicht in genügendem Maße erhältlich waren, wurden in den Nachkriegsjahren je nach Dringlichkeit nur auf Bezugsscheine ausgegeben.

»Trümmerfrau?«

»Habt ihr was dagegen?«

Fred fuhr sich mit der Hand über das glatt nach hinten gekämmte Haar. »Besonders toll finde ich es nicht.«

»Nicht hungern ist immer toll.« Die Mutter nahm ihre Hausschuhe aus dem Schrank und zog sie an.

»Du willst mich nicht verstehen«, sagte Fred.

»Ich verstehe dich ganz gut«, erwiderte die Mutter. »Dir imponieren nicht die Frauen, die dafür sorgen, dass die Trümmerberge verschwinden, dass aus Steinen Häuser werden, dass all die Obdachlosen in den Baracken und Kellern wieder ein Dach über dem Kopf bekommen, dir imponieren die Schieber, die auf leichte Art ein feines Leben führen.«

»Mit deinem ›Ehrlich währt am längsten‹ kommst du nicht sehr weit«, entgegnete Fred ärgerlich. Und dann schüttelte er vorwurfsvoll den Kopf: »Acht Stunden Steine klopfen oder Loren schieben! Dabei immer in Gefahr, auf einen Blindgänger* zu treten, der mit dir in die Luft geht. Und das alles für ein paar Mark dreißig.«

Die Mutter nahm die geschälten Kartoffeln, spülte sie unter dem Wasserhahn ab und legte sie in einen Topf. »Ich habe Angst um dich, Fred«, sagte sie traurig. »Den ganzen Tag auf der Couch, dazu diese Burschen, mit denen du dich herumtreibst und die dir diese Weisheiten eintrichtern – das nimmt kein gutes Ende.«

»Noch haben wir keinen umgebracht.« Fred grinste verlegen. Die Mutter dachte, er hätte Freunde und wäre deshalb so oft aus dem Haus. Er hatte keine Freunde, die Jungen, mit de-

---

* Bombe, die nach dem Abwurf nicht explodierte, aber unentschärft und deshalb gefährlich ist. Blindgänger aus dem Zweiten Weltkrieg werden auch heute noch gefunden.

nen er früher verkehrt hatte, gingen fast alle weiter zur Schule. Aber sollte die Mutter ruhig glauben, er habe irgendwelche falschen Freunde. Das war einfacher als zuzugeben, dass er immer allein war, dass er nur spazieren ging und etwas suchte, von dem er selbst nicht wusste, was es war.

Die Mutter stellte den Topf mit den Kartoffeln auf den Herd, Fred zog Streichhölzer aus der Hosentasche und steckte das Gas an. Eine bläuliche Flamme tanzte um den Ring. Die Mutter nahm eine Kasserolle und begann, mit Wasser und Mehl eine Soße anzurühren. »Alle diese Schieber!«, sagte sie wieder. »Sie sitzen in den Kneipen und trinken, sie leben auf Kosten der Armen und Dummen und fühlen sich auch noch wohl dabei.«

Fred ging manchmal in eine Kneipe. Aber er trank nichts; er hatte kein Geld, um etwas zu trinken. Er sah sich nur um. Dabei sah er auch Schieber. Solche wie Anton Seiler zum Beispiel, den in ihrem Viertel fast jeder kannte; Männer, denen es gut ging und die zeigten, dass sie noch nie so viel Spaß am Leben hatten wie gerade jetzt. Konnte ihn die Mutter dabei gesehen haben?

»Sage mir einen, der nicht schiebt«, entgegnete er ausweichend, »und ich stifte dir 'nen Ehrenpreis.«

»Ich«, erwiderte die Mutter, »ich schiebe nicht!«

»Dafür wühlst du im Dreck«, gab Fred zurück. »Ist das besser?«

»Das ist besser«, antwortete die Mutter, »viel besser! Zumindest solange Vater noch in Gefangenschaft ist.«

»Na, dann wühl doch!« Fred ging aus der Küche und schlug die Tür hinter sich zu.

»Es schieben doch wirklich alle«, verteidigte Karin den Bruder. »Geh doch mal auf den schwarzen Markt*, da triffst du mehr Bekannte als Unbekannte.«

»Es geht mir nicht um das, was Fred heute tut, es geht mir um das, was er morgen tut.« Die Mutter rührte in der Kasserolle. »Eines Tages werden wir wieder normale Zeiten haben. Was macht Fred dann? Dann hat er nichts gelernt, außer sich mit Freunden herumzutreiben und darauf zu warten, auf leichte Weise viel Geld zu verdienen.«

»Normale Zeiten!« Karin guckte ungläubig. »Du meinst, wie vor dem Krieg?«

Die Mutter nickte.

Karin überlegte. »Daran kann ich mich gar nicht mehr erinnern. Ich finde, wir leben jetzt schon normal. Die Hauptsache ist doch, dass keine Bomben mehr fallen.«

Einen Moment war es still in der Küche, dann fragte Eule: »Warum hast du uns denn nicht vorher gesagt, dass du in die Trümmer gehst?«

»Ich wusste nicht, ob ich es durchhalte.« Die Mutter sprach sehr leise. »Ich wollte erst einmal sehen, wie schwer es ist.«

»Aber das hättest du uns doch sagen können«, meinte Karin.

»Du hast doch gehört, was Fred davon hält«, erwiderte die Mutter achselzuckend. »Ich hatte keine Lust, mir von euch den Kopf voll reden zu lassen. Außerdem blieb mir auch gar keine andere Wahl, wenn ich euch weiterhin satt bekommen will.«

---

* Mit dem »schwarzen Markt« wurde im Nachkriegsdeutschland der intensive illegale Handel bezeichnet. Da es in den Geschäften nichts gab, waren die Menschen gezwungen, sich die notwendigen Lebensmittel oder Medikamente auf dem schwarzen Markt zu beschaffen. Siehe auch Nachwort.

In der Straßenbahn

Die Mutter saß an der Nähmaschine und versuchte neues Garn einzufädeln. Immer wieder rutschte ihr der Faden aus der Öse. Ihre Brille war nicht mehr stark genug und die Glühbirne zu schwach.

Pit saß am Tisch, schälte seine Pellkartoffeln, tunkte sie in Leinöl, bestreute sie mit Salz und aß sie dann. Lieber hätte er die Kartoffeln ja ohne Öl gegessen, nur mit Salz, aber das erlaubte die Mutter nicht. Wenn schon keine Butter, sagte sie, dann wenigstens Öl; der Körper brauche Fett. Während er aß, erzählte er, dass Eules Mutter nun Trümmerfrau sei. Die Mutter hörte aufmerksam zu. »Die arme Frau«, sagte sie dann. »Der Mann in Gefangenschaft, vier Kinder am Hals, darunter das Sorgenkind und der Große, der ihr auch keine Freude macht – hoffentlich hält sie durch, die Kräftigste ist sie nicht.«

Pit sah zu, wie die Mutter die Maschine in Gang brachte, einen dunkelgrauen Stoff über den Nähmaschinentisch schob und die Maschine rattern ließ. Die Mutter war auch nicht die Kräftigste und saß doch von morgens um acht bis spät in die Nacht hinter der Nähmaschine. Ihr ehemals dunkelblondes Haar war dabei grau geworden. Aber sie sagte, lieber habe sie zu viel zu tun als zu wenig. Es beruhigte sie, viel zu tun zu haben. Dennoch könnte sie es sich leisten, weniger zu arbeiten, wenn sie die Preise heraufsetzen würde. Sie verlangte zu wenig, sie wollte den Leuten nicht den letzten Pfennig wegnehmen. Manche Kunden jedoch kamen, betrachteten das fertige Kleidungsstück, drucksten herum und rückten schließlich damit heraus, dass sie überhaupt kein Geld hätten. Dann guckte die Mutter traurig, gab den Leuten das Kleidungsstück aber doch mit. Wenn er die Mutter fragte, warum sie das tat, zuckte sie die Achseln: »Was soll ich machen? Soll ich die Joppe, die der Sohn im Winter tragen soll, hier behalten? Den Jungen frieren lassen, nur damit ich ein Pfand habe?« Darauf wusste er keine Antwort. Und wenn die Kunden sich hinterher bei der Mutter bedankten und versprachen, so schnell wie möglich zu zahlen, war er stolz auf sie. Doch wenn die Mutter danach das Brot, das eigentlich für vier Tage bestimmt war, in sechs Stücke einteilte, musste er wieder nachdenken.

»Hast du aufgegessen?«

Die Mutter konnte den Teller nicht sehen, sie saß im Licht und Pit im Dunkeln. Pit bejahte die Frage, blieb aber weiter am Tisch sitzen. Die Mutter unterhielt sich gern mit ihm, das wusste er. Den ganzen Tag war sie allein, er war fast immer mit seinen Freunden unterwegs.

»Dann warst du also mit Eule in den Trümmern?«

»Nur am Rand«, log Pit. Die Mutter hatte ihm verboten, sich in den Trümmern herumzutreiben. Sie fürchtete, ihm könne etwas zustoßen. Vor wenigen Wochen war ein Junge unter einer zusammenstürzenden Mauer begraben worden. Als man ihn gefunden hatte, war es zu spät gewesen. Das erzählte ihm die Mutter jeden Tag. Er verstand ihre Sorge, er versprach ihr, nicht in den Trümmern zu spielen, doch er konnte sich nicht an sein Versprechen halten. Was sollte er denn machen, den ganzen Tag? Noch dazu in den Ferien? Sollte er Eule, Ballo, Schonny und Spatz allein losziehen lassen?

»Ich würde dir das nie verzeihen, wenn dir in den Trümmern was passieren würde.«

Die Mutter konnte einem Sachen sagen, dass einem ganz

mulmig wurde. Um dieses Gefühl loszuwerden, musste er weiterlügen, noch dicker auftragen, gegen die nur allzu berechtigten Verdächtigungen protestieren. Es war ihm nicht wohl dabei, mit der Zeit aber ließ sich die Mutter überzeugen: Sie konnte sich nicht vorstellen, dass er sie so frech belog.

Als Pit die Mutter so weit hatte, dass sie ihm glaubte, fragte er, ob ein Brief von Uli gekommen sei. Er fragte das, obwohl er wusste, dass die Mutter es ihm gleich gesagt hätte, wenn ein Brief gekommen wäre. Sie freute sich, wenn er nach dem großen Bruder fragte.

Die Mutter spähte über die Brille hinweg zur Kommode hinüber. Dort stand Ulis Bild, und da lagen die Briefe, die Uli bisher hatte schreiben dürfen. »Er hat schon so lange nicht mehr geschrieben«, sagte sie leise. »Hoffentlich ist ihm nichts passiert. Es heißt, die Russen würden die Gefangenen nicht gut behandeln.«

»Uli kommt bestimmt heil zurück.« Pit sah den Bruder vor sich, sah ihn auf dem Bahnhof stehen. Er hatte gut ausgesehen in der Uniform, aber er hatte über sich gelacht: »Ich komme mir vor wie ein Briefträger.«

»Wag dich nicht so weit vor«, hatte die Mutter den Bruder gebeten. »Riskier nichts, denk daran, dass wir dich brauchen.« Der Vater war nur wenige Wochen im Krieg, dann war er gefallen. Die Mutter hatte Angst gehabt, Uli könnte es ähnlich ergehen. Uli aber hatte sie geküsst und gesagt, sie solle sich keine Sorgen machen: »Mit mir gewinnt keiner einen Krieg, ich weiß, was ich mache.«

Ein halbes Jahr später war der Krieg zu Ende gewesen. Als die erste Nachricht von Uli kam, wussten sie, wie seine Worte gemeint waren: Uli hatte sich freiwillig in Gefangenschaft begeben, war bei der ersten Möglichkeit, die sich ihm bot, zu den Russen übergelaufen.

Die Mutter sah auf die Uhr, die auf dem kleinen Kanonenofen stand. »Es ist Zeit für dich«, sagte sie. »Zieh dich aus und wasch dich.«

»Machst du noch lange?« Pit mochte es nicht, wenn die Mutter so lange arbeitete. Es war nicht das Geräusch der Nähmaschine, das ihn störte, das gleichmäßige Rattern wirkte eher einschläfernd; es war der Gedanke daran, dass die Mutter arbeitete, obwohl sie müde war, und dass sie hinterher immer ganz dicke Augen hatte.

»Wenn es keine Stromsperre gibt, muss ich noch ein bisschen weiterarbeiten«, antwortete die Mutter.

Pit stand auf und zog den Kopf ein, um sich nicht an dem Ofenrohr zu stoßen, das quer durch den Raum zum Fenster führte. Dann ging er ins Schlafzimmer und zog sich aus. Er schlief neben der Mutter, im Bett des Vaters. An die Zeit, als der Vater in dem Bett geschlafen hatte, konnte er sich nicht mehr erinnern, deshalb war Vaters Bett nun sein Bett. Er legte Hose, Hemd, Unterwäsche und Strümpfe über den Stuhl vor dem Bett, schlug die Bettdecke zurück, nahm die Schlafanzughose und zog sie über. Dann ging er ins Bad. Als er im Bett lag, kam die Mutter, sprach noch ein bisschen mit ihm und löschte das Licht.

Durch das geöffnete Fenster drangen Geräusche herein: ein Auto, das in die Rügener Straße einbog, und das Gebimmel der Straßenbahnen, die an der Ecke hielten. In Gedanken sah Pit die erleuchtete Straßenbahn durch die Nacht fahren, sah die Menschen aus- und einsteigen. Manche aber blieben drin, fuhren durch die ganze Stadt. Das waren die, die kein Zuhause mehr hatten: Aus der Gefangenschaft Entlassene, die die Straße, in der sie gewohnt hatten, nicht mehr vorfanden, oder Ausgebombte und Flüchtlinge, die noch immer keine neue Wohnung gefunden hatten. Und dann saß auf einmal auch er in der Straßenbahn und fuhr mit all den ernsten Männern und Frauen durch die nächtlich leeren Straßen.

Einer der Männer sah aus wie der Vater, dessen Bild im Wohnzimmer an der Wand hing. Pit beobachtete ihn, bis der Mann ihm zulächelte. »Sag mir Bescheid, wenn wir an der Rügener Straße angelangt sind«, bat er.

Pit erschrak. »Aber an der Rügener Straße sind wir schon vorbei.«

»Wohnst du denn nicht in der Rügener Straße?«, fragte der Mann. »Bist du nicht der Peter Kagelmann?«

»Doch.« Pit erschrak erneut. War dieser Mann etwa ...?

»Ich bin dein Vater«, sagte der Mann, »ich bin gar nicht tot.« Und er zeigte auf einen jungen Mann an seiner Seite und sagte: »Und das ist der Uli, dein Bruder. Hast du dich wirklich geschämt, weil er zu den Russen übergelaufen ist und ein paar Dummköpfe ihn deswegen einen Feigling genannt haben?«

Der junge Mann neben dem Vater lächelte, aber er sah gar nicht aus wie Uli. Pit bekam Angst vor den beiden Männern. Erst jetzt bemerkte er, dass sie und er allein in der Straßenbahn zurückgeblieben waren, dass nicht einmal mehr ein Fahrer oder Schaffner mitfuhr ...

Er lief zur Tür und sah hinaus. Draußen war es Nacht. Die Straßenbahn fuhr durch eine Trümmerlandschaft, kein Licht war zu sehen, weit und breit nur Finsternis. Und die Bahn fuhr schnell, fuhr viel zu schnell für eine Straßenbahn. Pit wandte sich um. Die beiden Männer standen hinter ihm: »Wir haben keine Wohnung, weißt du.«

Betrüger! Er wusste es ja. Die beiden Männer waren nicht Vater und Uli, es waren Obdachlose, die eine Wohnung suchten.

»Geht weg!«, schrie Pit. Die beiden Männer aber kamen näher. Da sprang Pit. Er war darauf gefasst, hinzufallen, aufzuschlagen, sich wehzutun. Doch er schlug nicht auf, er stürzte ins Bodenlose, griff um sich und wachte auf.

Eine Zeit lang lag Pit wach und starrte in die Dunkelheit hinein, dann beruhigte er sich und schlief wieder ein. Er schlief tief und traumlos und erwachte erst, als es draußen längst hell war. Die Sonne überflutete das leere Bett der Mutter und machte, dass er schnell munter wurde. Er stand auf, ging ans Fenster und beugte sich hinaus.

Die Rügener Straße war keine schöne Straße. Von den Häusern bröckelte der Putz, von den Jalousien der seit langer Zeit geschlossenen Geschäfte blätterte die Farbe ab. Richtige Fenster gab es kaum. Als die Bomben fielen, waren die Glasscheiben zersplittert. Glas aber war knapp, deshalb hatten sich die Leute Pappe vor die Fenster genagelt. Die Wohnungen hinter diesen Fenstern allerdings waren groß und geräumig; und weil das so war und all die vielen Menschen, die aus ihrer Heimat vertrieben oder ausgebombt worden waren, irgendwo unterkommen mussten, lebten manchmal zwei oder drei Familien in einer Wohnung. Viele Familien aber bedeuteten viele Kinder, und wo viele Kinder waren, war immer etwas los. Auch jetzt, am frühen Vormittag, wurde bereits Hopse und Schnecke gespielt.

Pit ging zur Tür, öffnete sie und lauschte. Nichts! Er ging

durch den Flur und sah in die Küche. Leere Teller, leere Tassen – die Mutter war noch unterwegs, er konnte sich Zeit lassen.

Als Pit das Bad wieder verließ, war die Mutter zurück, er hörte sie in der Küche hantieren. Er begrüßte sie mit einem Kuss und fragte, ob es was gegeben hätte. »Nichts«, antwortete die Mutter, »keine Kartoffeln, kein Brot, nichts!« Sie brühte einen Muckefuck* auf und seufzte: »Ich werde heute Nachmittag noch einmal gehen müssen.«

Pit lief zurück ins Schlafzimmer, zog sich an und ging frühstücken. Ein Teller mit zwei Marmeladenbroten und eine Tasse Muckefuck standen für ihn bereit. Er verzog das Gesicht. Die Marmelade war Rübenmarmelade und mit Muckefuck konnte man ihn jagen.

»Wenigstens ist es was Warmes«, meinte die Mutter. Dann nahm sie ihre Tasse und ging ins Wohnzimmer. Pit aß die beiden Marmeladenbrote, trank zwei Schluck von dem heißen Muckefuck und goss den Rest in den Ausguss. Danach ging er in den Flur und sah kurz ins Wohnzimmer hinein, um sich von der Mutter zu verabschieden. »Geh nicht wieder in die Trümmer«, rief die Mutter. »Hörst du?«

»Ja.« Pit zog die Wohnungstür hinter sich zu und stieg in den vierten Stock hinauf, wo Eule sicher schon wartete.

---

* Kaffee-Ersatz.

Dreck am Stecken

Pit und Eule gingen durch eine dunkle, muffig riechende Toreinfahrt und über mehrere Höfe. Auf den ersten beiden Höfen spielten Kinder. Halb nackt turnten sie auf der Teppichklopfstange herum oder malten mit Kreide das Pflaster voll. Auf dem dritten Hof spielten keine Kinder, auf dem dritten Hof wohnte Ballo. Ballo wollte seine Ruhe haben, deshalb hatte er, kurz nachdem seine Mutter und er in dieses Haus eingezogen waren, die Schreihälse ein für alle Mal auf die vorderen Höfe gescheucht.

Vorher hatten Ballo und seine Mutter zwei Querstraßen weiter gewohnt, in einer riesigen Eckhauswohnung, die Ballos Vater gehört hatte. Ballos Vater aber war ein stadtbekannter Nazi* gewesen; als der Krieg vorüber war, waren Männer gekommen, Russen und Deutsche, und hatten Ballo und seiner Mutter die Wohnung weggenommen. Mit allen Möbeln. Nur kleine Gegenstände wie Geschirr, Wäsche und Bücher hatten sie mitnehmen dürfen. Ballos Mutter hatte sich das nicht gefallen lassen wollen. Sie hatte auf die Männer eingeredet und, als die nicht hörten, geschrien: »Was wollt ihr denn von uns? Mein Sohn und ich haben doch niemandem was getan.« Der Mann in der Lederjacke, der Ballos Mutter die Schlüssel abnahm, hatte nur gegrinst: »Nichts getan! Keiner von euch hat etwas getan. Ich frage mich nur, wie das alles gekommen ist, der Krieg und die Morde in den Konzentrationslagern**. Sie

---

* Nationalsozialist. Siehe Nachwort.
** Konzentrationslager (KZ) wurden von den Nationalsozialisten erbaut, um dort aus politischen, rassischen oder religiösen Gründen Verfolgte und Kriegsgefangene gefangen halten und, wenn sie zur Arbeit nicht mehr einzusetzen waren, umbringen zu können. Siehe auch Nachwort.

waren doch auch in der Partei wie Ihr Mann, oder? Und da wollen Sie nichts getan haben?«

Als Ehefrau von Hubert Ballwitz war Ballos Mutter in der Partei gewesen. Doch es hatte sie nie interessiert, welche Politik diese Partei machte. Sie hatte ihre Beiträge bezahlt und war auch manchmal zu den Versammlungen gegangen, ansonsten aber waren ihr Reisen und Kleider wichtiger gewesen. Deshalb fühlte sie sich ungerecht behandelt, deshalb versuchte sie noch, als Ballo und sie schon mit ihren Kisten und Koffern auf der Straße saßen, die Männer umzustimmen: »Wo sollen wir denn hin? Mein Sohn und ich, wir haben niemanden.« Die Männer ließen sich nicht erweichen. Der in der Lederjacke überreichte Ballos Mutter einen Zettel und sagte nur: »Da steht alles drauf. Melden Sie sich dort.«

Ballo hatte die ganze Zeit über geschwiegen, hatte den Mann mit der Lederjacke nur finster angesehen. Aber als er in sein Auto stieg, hatte er ausgespuckt. Einen Moment lang hatte es dann ausgesehen, als würde der Mann wieder aussteigen, schließlich aber hatte er nur das Zeichen zur Abfahrt gegeben.

Pit und Eule kannten die Geschichte, Ballo hatte sie ihnen oft genug erzählt; deshalb mussten sie jedes Mal, wenn sie den dritten Hinterhof betraten, daran denken.

Zuerst waren Ballo und seine Mutter zu einer Freundin der Mutter gezogen. Die Mutter hatte den Kampf noch nicht aufgegeben. Sie meldete sich bei der angegebenen Stelle, um sich zu beschweren. Doch die Männer dort drehten den Spieß um und sagten, sie hätten Meldungen vorliegen, dass nicht nur ihr Mann, sondern auch sie aktiv in der Nazipartei tätig gewesen wäre. Erst war Ballos Mutter nur überrascht, dann hatte sie gesagt, dass diese Meldungen Lügen seien. Die Männer waren hart geblieben: »Beweisen Sie uns, dass Sie keinen Dreck am Stecken haben. Sie haben vierzehn Tage Zeit dazu, dann findet die Verhandlung gegen Sie statt.«

Da Ballos Mutter nicht wusste, woher jene »Meldungen« stammten, und sie sie deshalb nicht widerlegen konnte, riet ihr eine Freundin, sich einen »Persilschein« zu besorgen, einen Schein, auf dem irgendein von den Nazis Verfolgter ihr bestätigte, dass sie ihm heimlich geholfen habe. Und die Freundin war es dann auch, die eine alte, allein stehende Jüdin auftrieb, die im KZ gewesen war und der Mutter bescheinigte, dass sie sie drei Tage in ihrer Wohnung versteckt hatte. Ballos Mutter bezahlte den Persilschein mit einem der Ringe aus ihrer Schmuckkassette, die sie über den Krieg gerettet hatte und von der Ballo und sie jetzt lebten. Die Jüdin hatte den Ring genommen und gesagt: »Wenn es mir nicht so dreckig ginge, hätte ich Ihnen nicht geholfen. Aber von irgendwas muss unsereins ja schließlich leben.«

Ballos Mutter hatte sich geschämt. Und Ballo hatte sich auch geschämt: für die Mutter. Noch in Anwesenheit der Jüdin war er aufgestanden und hatte die Tür hinter sich zugeknallt. Er hatte seinen Vater bewundert und geliebt. Als die Mutter ihm die Nachricht brachte, dass der Vater noch in den letzten Kriegstagen gefallen war, hatte er tagelang nichts essen können, hatte er nur auf seinem Bett gelegen, an die Decke gestarrt und an seinen Vater gedacht: Wie er in der schwarzen Uniform der SS* bei einer Parade im Hintergrund einer Tribüne gestanden hatte; wie er abends nach Hause gekommen

---

* Schutzstaffel – Militärisch formierte Organisation, die während der Jahre der Naziherrschaft für viele der begangenen Verbrechen an Juden und Gegnern des Hitlerregimes verantwortlich war.

war, oft mit einem oder zwei Untergebenen, die ihn bewunderten; wie sie zusammen durch die Straßen gegangen waren, Vater und Sohn, von den Nachbarn beinahe ehrfurchtsvoll gegrüßt. Und nun stellte die Mutter den Vater in Frage, glaubte sie seinen Feinden und ließ sich von einer Jüdin einen gefälschten Schein ausstellen. Das konnte er nicht verstehen, das wollte er nicht verstehen.

Der Persilschein hatte geholfen. Die Entnazifizierungskommission* hatte Ballos Mutter als Mitläuferin des Nationalsozialismus, als so genannte Nutznießerin, eingestuft. Das bedeutete, dass sie die Wohnung und auch die Möbel nicht wiederbekam, aber sie wurde auch nicht eingesperrt, wie es geschehen wäre, wenn sie als aktive Nazisse eingestuft worden wäre. Allerdings musste sie sich innerhalb weniger Tage beim Arbeitsamt melden, damit man ihr dort eine Arbeit zuteilen konnte.

Während der Verhandlung jedoch hatte Ballos Mutter etwas erfahren, über das sie mit Ballo nicht sprach, das sie aber sehr veränderte. Sie nahm das Urteil an und suchte sich eine kleinere Wohnung. Das war nicht einfach, doch sie hatte Glück, fand jene Anderthalbzimmerwohnung auf dem dritten Hinterhof.

Gleich nachdem sie umgezogen war, ging sie auf das Arbeitsamt und legte den Schein vor, den ihr die Kommission gegeben hatte und auf dem stand, dass man ihr eine körperlich schwere Arbeit zuteilen solle.

---

* Nach Ende des Krieges wurde ein großer Teil der deutschen Bevölkerung von den Siegermächten auf ihre Tätigkeit während der Zeit des Nationalsozialismus hin überprüft. Sie wurden in Hauptschuldige, Belastete, Minderbelastete, Mitläufer und Entlastete eingeteilt und entsprechend bestraft oder freigesprochen.

Die auf dem Arbeitsamt grinsten und sagten, sie suchten Maurer, Männer und Frauen, die mithalfen, wieder aufzubauen, was solche wie ein gewisser Hubert Ballwitz zerstört hatten.

So war Ballos Mutter Maurer geworden, lief seither in alten Männerhosen herum, immer grau, immer müde, und wurde Ballo immer fremder. Wenn sie unter der Strafarbeit gelitten, geschimpft oder gestöhnt hätte, hätte er sie bemitleiden können, dann hätten sie einen gemeinsamen Gegner gehabt. Die Mutter aber litt nur in der ersten Zeit, und sie schimpfte und stöhnte nicht, sondern ertrug all die Veränderungen in ihrem Leben, als wäre ihr recht geschehen. Dinge, die sie früher immer sehr interessiert hatten, interessierten sie nun nicht mehr; es war ihr egal, ob sie schön und ob das, was sie trug, modern war. Sie las auch keine Romane mehr, las nur noch Zeitungen und war entsetzt über das, was sie darin über die Nazizeit erfuhr.

Eine Zeit lang kämpfte Ballo gegen die Zeitungen an. »Sie lügen«, sagte er. »Sie lügen, weil sie unsere Feinde sind.« Die Mutter aber sagte: »Wir selbst sind unsere Feinde. Wir haben so viel falsch gemacht, so viele Verbrechen begangen, das können wir nie wieder gutmachen.« Und sie erzählte Ballo, dass die Nazis Millionen Juden einfach ermordet hatten und dass die Deutschen den Krieg angefangen und nicht, wie manche Nazis noch jetzt behaupteten, nur zurückgeschossen hätten.

Ballo gab es auf. Er glaubte den Zeitungen nicht und er glaubte seiner Mutter nicht. Lange Zeit sah er sie nur böse an, dann mied er sie.

Spatz und Schonny

Die Wohnung, in der Ballo nun lebte, lag im Erdgeschoss. Wenn Pit, Eule, Spatz oder Schonny zweimal lang und zweimal kurz an seine Fensterscheibe klopften, wusste er, dass sie da waren. Dann erhob er sich von seiner Couch und ließ sie durchs Fenster herein.

Ballos Zimmer beeindruckte die Jungen jedes Mal neu. Es war voller selbst gezimmerter Bücherregale, in denen Ballo die geretteten Bücher seines Vaters aufbewahrte. Wo keine Regale standen, hingen Fotos von seinem Vater. Und auf dem Ofen stand ein künstlicher Totenkopf, dem Ballo einen Südwester aufgesetzt hatte. Wenn er Stimmung erzeugen wollte, zog er die Vorhänge zu und stellte eine Kerze in den Totenkopf. Dann sah es aus, als lebe der Kopf.

Ballo war drei Jahre älter als Pit, Spatz und Schonny und zwei Jahre älter als Eule und hatte bis zum Ende des Krieges zu den führenden HJlern* der Schule gehört. Da er, schwarzhaarig und selbst im Winter von brauner Hautfarbe, nicht so aussah, wie sich die Nationalsozialisten einen deutschen Jungen vorstellten, sollte er besonders streng gewesen sein. Deshalb und wegen seines südländischen Aussehens hatten ihm seine Klassenkameraden den Namen Ballo angehängt. Ballo nannte die Jungen seiner Klasse Weichlinge. Wer nichts riskiere, so hatte er Pit, Eule, Spatz und Schonny einmal erklärt, sei es nicht wert, den anderen das Brot wegzufressen. Die Freunde hatten nur genickt, wie sie immer nickten, wenn Ballo et-

---

* HJ – Abkürzung für Hitlerjugend. Militärisch organisierter Jugendverband der Nationalsozialisten, der bestrebt war, alle Schüler und Jugendlichen im Sinne des Nationalsozialismus zu erziehen.

Keine eigene Meinung mehr

was sagte. Sie waren zwar oft ganz anderer Meinung als er, aber sie glaubten ihm und nicht sich.

Als Pit und Eule an diesem Tag bei Ballo klopften, öffnete er nicht das Fenster. Er winkte ihnen nur zu und gab ihnen zu verstehen, dass er gleich herauskommen würde. Dann verschwand er wieder.

Pit und Eule setzten sich auf die Mauer, die den Hof vom Hof des Nachbargrundstückes trennte, und warteten. Nicht lange und ein Junge in einer bauschigen Mädchenturnhose und einem weißen Turnhemd betrat den Hof: Spatz.

Spatz sah nicht aus wie zwölf, eher wie zehn, so klein, zierlich und blass war er. Und da er Sperling hieß, Joachim Sperling, traf der Name Spatz zu, den ihm nicht die Jungen, sondern deren Mütter verliehen hatten. Aber dass er so klein und spitz war, schadete Spatz bei den Jungen nicht. Er konnte es sich leisten, die 100 m in 20,0 zu laufen oder beim Turnen durch die Holme des Barrens zu fallen; es gab keinen, der gelacht hätte. Spatz war in Ordnung, Spatz war beliebt, wurde von allen gemocht.

Wen die Jungen nicht mochten, war Spatz' Mutter. Die kleine blasse Frau mit den ständig geröteten Augen sah immer so aus, als hätte sie die Nachricht vom Tode ihres Mannes erst vor wenigen Minuten erhalten. Nie lächelte sie, nie machte sie einen Scherz. Fragte einer der Jungen, ob Spatz herunterkommen dürfe, sah sie ihn an, als hätte er sie bedroht.

Einmal hatten Ballo, Pit, Eule, Spatz und Schonny Flieder geklaut, sich am S-Bahnhof aufgestellt und die Sträuße verkauft. Sie hatten noch nicht lange dort gestanden, da war Spatz' Mutter aus dem Bahnhof gekommen. Spatz hatte nicht damit gerechnet, dass seine Mutter an diesem Tage früher nach Hause kommen würde, und ihr wie zur Entschuldigung die eine Mark fünfzig hingehalten, die er eingenommen hatte. Seine Mutter hatte ihm das Geld aus der Hand geschlagen und ihn am Ohr nach Hause gezerrt. Das Ohr war noch zwei Tage danach dick und rot gewesen, und die Jungen hatten ernsthaft überlegt, ob sie Spatz' Mutter nicht einmal einen Streich spielen sollten. Das aber hatte Spatz nicht gewollt. Seine Mutter sei nur grob, weil sie Angst um ihn habe, hatte er gesagt. Seit der Vater gefallen war, habe sie ja nur noch ihn.

Spatz schwang sich auf die Mauer und wollte gerade mit Pit und Eule ein Gespräch beginnen, als die Tür zum Seitenaufgang geöffnet wurde und Ballo den Hof betrat. Ballo war nicht sehr groß, aber von kräftiger Statur. Er trug benagelte Schuhe, die auf dem Pflaster widerhallten, eine kurze Hose mit vielen zuknöpfbaren Taschen, einen Gürtel mit einem wuchtigen Koppelschloss und ein grünes, bereits verblichenes, ein wenig zu weites Hemd mit Achselklappen. Diese Kleidung trug er ständig, sie war eine Art Privatuniform.

»Wo ist Schonny?«

»Keine Ahnung!« Pit, Eule und Spatz rutschten von der Mauer. Wenn etwas nicht klappte und Ballo ungehalten war, hatten sie immer das Gefühl, schuldig zu sein, auch wenn sie es gar nicht waren.

Ballo sah auf die Wehrmachtsuhr, die einst seinem Vater gehört hatte. »Zehn Minuten warten wir noch, dann gehen wir.«

»Und wohin?«, fragte Pit.

»Das erfahrt ihr noch.« Ballo hatte Schonny durch die vorderen Höfe laufen sehen und sah noch einmal auf die Uhr.

Schonny blieb vor Ballo stehen. »Mein Alter!«, entschuldigte er sich. »Er hat Schach mit mir gespielt und kein Ende

gefunden, obwohl ich absichtlich schlecht gespielt habe.«
Seine weiße Brust mit den vielen Sommersprossen hob und senkte sich, so außer Atem war er.

»Trotzdem, von meinen Männern erwarte ich strikte Pünktlichkeit.« Ballo sagte das, obwohl er bereits besänftigt war. Ein Vater wie Herr Schonn entschuldigte vieles.

Bevor Herr Schonn an die Front musste, war er als Leichtathlet deutsche Rekorde gelaufen. Das ganze Viertel hatte ihn bewundert. Als er aus dem Krieg heimkehrte, war er wieder für lange Zeit das Stadtgespräch gewesen, diesmal aus einem anderen Grund: Er hatte den rechten Arm und das linke Bein verloren, würde nie wieder Sport treiben können. Und so war es auch gekommen: Er saß seither nur noch zu Hause herum und wusste nicht, was er mit sich anfangen sollte. Auf die Straße ging er nicht. Er genierte sich, mit der Krücke unter dem Arm »wie ein Floh herumzuhopsen«. Aus Kummer und Langeweile trank und rauchte er den ganzen Tag. Frau Schonn hatte zu tun, um all das Geld dafür zu verdienen. Vormittags ging sie putzen und vom Nachmittag bis in den späten Abend hinein arbeitete sie als Serviererin. Dadurch war sie nie zu Hause, und Schonnys Vater, der nicht gern allein war, hielt sich an Schonny, spielte Karten mit ihm, Schach oder irgendein Würfelspiel. Wenn Schonny fortwollte, musste er jedes Mal erst eine »schlaue« Ausrede erfinden.

Das Hauptquartier

Die Jungen standen vor einem Viereck aus Ruinen. Ballo streckte Pit, Eule, Spatz und Schonny die Hand hin: »Gebt mir euer Ehrenwort, dass ihr über das, was ich euch jetzt zeige, niemandem etwas sagt; ganz egal, was passiert.«

Die vier Jungen schlugen einer nach dem anderen ein. Ballo blickte die Straße entlang und betrat, als er sah, dass sie nicht beobachtet wurden, die erste Ruine. Er stieg eine Kellertreppe hinunter, kniete sich vor einer verrosteten Stahltür hin und räumte einige Steine fort.

»Was war 'n das hier mal?«, fragte Pit.

»Büroräume.« Ballo grinste geheimnisvoll, zog eine Taschenlampe unter den Steinen hervor und öffnete die Tür, vor der sie standen. Dann schob er die Jungen in den Raum dahinter.

Pit, Eule, Spatz und Schonny hielten den Atem an. Es war kühl in dem Kellerraum, vor allem aber war es finster. Der Lichtkegel von Ballos Taschenlampe huschte die Wände entlang und wies auf eine Stahltür. »Da müssen wir durch.«

Hinter der Tür war ein neuer Raum. Ballo leuchtete ihn ab und zeigte den Jungen einen Haufen nur zur Hälfte verbrannten Papiers. »Wisst ihr, was das ist? Das sind SS-Akten«, erklärte er. »Die Räume haben nämlich der SS gehört. Die Akten haben sie verbrannt, bevor die Russen kamen.« Er ging um den Papierberg herum und leuchtete in ihn hinein. Auf einem Papier waren ein Stempel und eine Unterschrift zu sehen. »Sie hatten keine Zeit mehr«, meinte er, »sie mussten sich beeilen.«

»Dass das noch keiner gefunden hat!«, staunte Schonny.

»Wo so viele Russen und Amis in der Stadt herumkutschieren.«

»Die haben das gefunden.« Ballo war sich seiner Sache sicher. »Die waren noch keine zwei Tage in Berlin, da waren sie schon hier. Aber das, was ich euch jetzt zeigen werde, das haben sie nicht gefunden, dafür waren sie nicht schlau genug.« Und damit ließ er den Schein der Taschenlampe an den Wänden mit den leeren Holzregalen entlanggleiten, bis er die nächste Stahltür gefunden hatte, durch die sie hindurchmussten.

Hinter der letzten Tür war Sonnenschein. Ballo knipste die Taschenlampe aus und betrat ein Viereck aus zwei Stockwerk hohen Mauern. In dem Viereck wuchsen Löwenzahn, Moos, Disteln und allerlei anderes. Manche Stauden reichten den Jungen bis zur Brust. Und inmitten von all dem Unkraut stand eine junge Birke.

»Ist das dein Geheimnis?« Spatz strahlte. »Das ist ja ein richtiger Urwald.«

Ballo schüttelte den Kopf und winkte Schonny heran. Gemeinsam räumten sie einige Steine fort und hoben das Blech an, das sich unter den Steinen befand. Darunter war eine Luke. Ballo und Schonny lehnten das Blech an die Mauer und öffneten den Lukendeckel. Ein viereckiges Loch, das in einen tunnelartigen Gang führte, wurde sichtbar.

Die Jungen waren sprachlos. Furcht und Neugierde mischten sich.

»Wo führt der Tunnel hin?«, fragte Pit.

»Zu meinem Geheimnis.« Ballo grinste wieder.

»Warst du da drin?«, fragte Schonny. Und als Ballo nickte: »Ganz allein?«

»Ganz allein.«

Die Jungen sahen sich an. Dass Ballo ganz allein unter den Trümmern herumgekrochen war ... Doch Ballo ließ ihnen keine Zeit, lange nachzudenken, er stieg in den Tunnel hinab und winkte. Zögernd folgte ihm erst Pit und dann Eule. Als Nächster wollte Schonny durch die Luke, Spatz drängelte sich vor; er hatte Angst davor, der Letzte zu sein.

Auf den Knien hockend, leuchtete Ballo in den Tunnel hinein. Die Jungen hinter ihm versuchten etwas zu erkennen, aber außer dem endlos langen Tunnel war nichts zu sehen.

»Gibt's hier Ratten?«, wollte Spatz wissen.

»Na klar«, antwortete Ballo. »Überall gibt's Ratten.«

»Und wovon leben die?«, fragte Pit. »Hier unten gibt's doch nichts.«

»Von Leichen.« Schonny kicherte. Doch seine Fröhlichkeit war nur gespielt.

Ballo kroch vorwärts, die Jungen folgten ihm. Es war anstrengend, so lange Zeit nicht den Kopf heben zu können, und es roch dumpf in dem engen Tunnel.

»Und wenn hinter uns einer die Luke zumacht?« Spatz' Stimme klang wie erstickt.

»Dann machen wir sie eben wieder auf«, antwortete Ballo, ohne sich umzudrehen.

»Und wenn sie das Blech drüberlegen? Und obendrauf Steine?«

»Wer sie?«

Darauf wusste Spatz keine Antwort. Aber erleichtert war er nicht.

»Wir sind da.« Über Ballos Kopf war eine zweite Luke, die genauso aussah wie die, durch die die Jungen in den Tunnel hinabgestiegen waren. Ballo reichte Pit die Taschenlampe und drückte die Luke mit der Schulter nach oben. Die Luke knarrte, aber sie gab nach. Ballo nahm Pit die Taschenlampe wieder ab, steckte den Kopf durch die Luke und leuchtete in die Finsternis hinein. Pit schob sich neben Ballo und erkannte einen langen, unversehrten Flur mit vielen Türen, dem nur zweierlei fehlte: Licht und Menschen, die ihn benutzten.

Ballo stemmte sich hoch, kroch aus der Luke und ging vor den Jungen her. Er ging von einer Tür zur anderen und leuchtete mit der Taschenlampe die Nummernschilder ab. Vor der Tür mit der Nummer 41 blieb er stehen, öffnete sie und leuchtete in den Raum hinein.

Die Jungen folgten Ballo nur vorsichtig. Der Raum hinter der Tür wirkte seltsam lebendig, denn auf dem Schreibtisch vor dem leeren Aktenschrank stand eine Vase mit verwelkten Nelken und ein Bild. Und auf dem Bild war zu sehen, wie Ballos Vater, ein kleiner kräftiger Mann mit kurzem Haar und Bärtchen, von Hitler die Hand geschüttelt bekam …

»Hier hat mein Vater fünf Jahre lang gearbeitet«, sagte Ballo, ging in das Zimmer hinein, nahm die verwelkten Blumen aus der Vase und warf sie in den Flur. »Sie halten nie lange«, erklärte er. »Sie haben zu wenig Licht und zu wenig Luft hier unten.«

Ballo hatte den Satz noch nicht zu Ende gesprochen, da hörten die Jungen ein Geräusch. Es klang, als hätte sich in einem der Zimmer etwas bewegt.

»Eine Ratte?«, fragte Pit.

Ballo machte nur »Psst!« und knipste die Taschenlampe aus. Die Jungen starrten in die Finsternis hinein und lauschten, doch es war nichts mehr zu hören. »Da ist was nachgesackt«, meinte Ballo und knipste die Taschenlampe wieder an. »Das passiert öfter, wir sind genau unter der Ruine.«

»Nachgesackt? Und wenn nun alles zusammenkracht, während wir …« Spatz schluckte und verstummte.

»Mensch, seid ihr Helden! Das hier hat den Bomben standgehalten, und da zittert ihr, wenn irgendwo ein Stein runterpurzelt.« Ballo ging zielstrebig geradeaus, blieb vor einer breiten Flügeltür stehen und sagte: »Wartet hier.«

Als Ballo die Tür geschlossen hatte, war es wieder finster um die vier Jungen. Sie rückten zusammen. Wenn sie sich schon nicht sehen konnten, wollten sie sich wenigstens spüren.

»Kommt rein!« Ballo hatte die Tür wieder geöffnet. Hinter ihm brannten Kerzen.

Zögernd betraten die Jungen den Raum.

»Das ist mein Hauptquartier«, erklärte Ballo stolz. Und dann fügte er hinzu: »Ihr seid die Einzigen, denen ich es zeige.«

Pit, Eule, Spatz und Schonny nickten nur. Sie brauchten Zeit, um aufzunehmen, was sie sahen. Da war erst einmal der große Raum, der von den vielen Kerzen, die Ballo überall aufgestellt hatte, beleuchtet wurde. Dann war da der halbrunde Tisch, um den herum mehr als zwanzig sorgfältig ausgerichtete Stühle standen. Die Sitze der Stühle waren mit Leder bezogen und mit goldenen Knöpfen verziert. Dann, aus dem gleichen dunkelbraunen Leder, eine Sesselgruppe. Zwischen den Sesseln ein Glastisch, auf dem ein Kästchen, ein Aschenbecher und eine noch zur Hälfte gefüllte Flasche Schnaps standen. An den Wänden hingen Fotografien: Hitler stehend, Hitler im Gespräch mit anderen Männern, Hitler in Großaufnahme. Dazu Aquarelle: Ball spielende nackte blonde Frauen oder Keulen schwingende, ebenfalls nackte Männer. Dazwischen eine Weltkarte, auf der mit roten, grünen, gelben und blauen Fähnchen Markierungen abgesteckt waren.

»Gefällt's euch?« Ballo ließ sich in einem der Ledersessel nieder, griff in das Kästchen, entnahm ihm ein Päckchen Tabak und eine kleine Pfeife mit einem metallenen Deckel, stopfte sich die Pfeife, zündete sie an und begann zu paffen.

Vorsichtig ließen die Jungen sich in den Sesseln nieder.

»Jetzt kennt ihr mein Geheimnis«, sagte Ballo. »Das hier war der Raum, in dem sie ihre Sitzungen abgehalten haben.« Als die Jungen weiterhin nur respektvoll schwiegen, zeigte er auf einen Schrank und wies Schonny an, Gläser zu holen.

Schonny gehorchte. Er öffnete den Schrank, sah hinein und drehte sich unschlüssig um: »Schnapsgläser?«

»Was denn sonst?« Ballo grinste. »Oder hast du 'ne Kuh dabei?«

Ballos Ziel

»Wenn wir uns organisieren wollen, brauchen wir einen Führer.« Ballo sah in die Runde. Die Jungen hatten rote Gesichter. Anfangs hatte ihnen der Schnaps nicht geschmeckt, dann war ihnen warm geworden. Mutig hatten sie weitergetrunken, bis sie vergessen hatten, wo sie sich befanden. Richtig gute Laune war aufgekommen. Jetzt war die Stimmung hin, jetzt waren sie wieder in die unwirkliche Welt unter den Trümmern zurückgekehrt, spürten sie einen faden Geschmack im Mund und eine lähmende Schwere im Kopf.

»Das ist doch klar«, sagte Schonny und grinste müde. »Du bist unser Führer. Wer denn sonst?«

Die anderen nickten. Da gab es keine Frage: Wer sollte ihr Führer sein, wenn nicht Ballo?

Ballo machte ein ernstes Gesicht. »Ich will nicht irgendeinen Saftladen aufmachen, ich will eine Organisation gründen. Wenn ihr mich zum Führer wollt, entscheide ich, wer in die Organisation aufgenommen wird.«

»Was muss man machen, um aufgenommen zu werden?« Spatz hatte am wenigsten getrunken, war aber auch sehr müde.

»Erstens darf man kein Feigling sein.« Ballo sah Spatz scharf an. »Zweitens muss man pünktlich sein, egal ob etwas dazwischenkommt oder nicht.« Nun sah er Schonny an, der das Gesicht verzog, als hätte er etwas Saures im Mund. »Drittens muss man dem Führer bedingungslos gehorchen.« Damit war Pit gemeint.

»Und viertens«, fuhr Ballo fort, »wollen wir kein Mitmachverein sein, sondern eine Organisation mit einem Ziel. Leute, denen alles egal ist, wenn sie nur in Ruhe gelassen werden, können wir nicht gebrauchen.«

Eule sah verlegen zur Seite. Viertens galt ihm.

»Als euer Führer verlange ich bedingungslosen Gehorsam«, erklärte Ballo. »Die Disziplin muss euch so in den Knochen stecken, dass ihr gar nicht anders könnt als gehorchen.«

Pit wurde unruhig. Was Ballo sagte, gefiel ihm nicht. Der Gedanke, eine Bande zu gründen und unter den Trümmern ein Versteck zu besitzen, war verlockend. Aber das mit dem Gehorchen? »Was für ein Ziel haben wir denn?«

»Weißt du das nicht? Zurzeit gibt es für alle Deutschen nur ein Ziel: Wir müssen uns vorbereiten.«

Ballo zeigt sein wahres Gesicht

»Und worauf?«

»Wollt ihr etwa, dass Deutschland ewig von Russen, Amis, Engländern und Franzosen besetzt bleibt?« Ballo beugte sich weit vor. »In der Geschichte ist nichts endgültig, auch nicht, dass wir den Krieg verloren haben. Eines Tages werden wir die Besatzer verjagen.«

Pit und Eule, Spatz und Schonny schwiegen. Was Ballo sagte, hatte er aus seinen Büchern.

»Habt ihr vergessen, wer eure Väter erschossen oder gefangen genommen hat? Es ist die Pflicht der Söhne, die Väter zu rächen.«

Pit senkte den Blick. Was Ballo sagte, war genau das Gegenteil von dem, was die Mutter sagte – nämlich, dass an einem Krieg immer die die Schuld trügen, die zuerst schossen; zuerst geschossen aber hätten die Deutschen, deshalb dürften sie sich jetzt auch nicht beschweren.

Ballo begann in dem halbdunklen Raum auf und ab zu wandern. Die Kerzen flackerten. »Natürlich muss, wer aufgenommen werden will, eine Mutprobe bestehen. Ich muss sicher sein, dass ich mich auf jeden von euch hundertprozentig verlassen kann.«

»Und wenn man die Mutprobe nicht besteht?«, fragte Spatz.

»Tut mir Leid.« Ballo blieb vor einem der Hitlerbilder stehen und drehte sich mit glänzenden Augen zu den Jungen in den Sesseln um. »Ich kann nur die Besten der Besten gebrauchen. Aber wenn ihr wollt, mache ich euch zu den Allerbesten.«

Ein Vorschuss

»Tschüs!« Lachend warf Fred die Tür hinter sich zu. Er hatte Karin ausgetrickst. Sie wollte weg und er wollte weg, einer aber musste bei Dieter bleiben. Deshalb hatte er gewartet, bis Karin aufs Klo musste, war aufgestanden und einfach losgegangen.

»Du gemeines Aas!« Karin stand auf dem Balkon und schimpfte wütend auf die Straße hinunter. Fred winkte ihr spöttisch grinsend zu und ging gut gelaunt weiter, bis er das Haus, in dem Anton Seiler wohnte, erreicht hatte. Doch es war noch zu früh; Seiler hatte gesagt, er solle erst kommen, wenn es dunkel ist.

Fred zog Kreise um das Viertel. Er ging durch Ruinenalleen, in denen sich Obdachlose eingerichtet hatten, und durch Straßen, in denen der schwarze Markt zu Hause war. Er studierte die Gesichter der Käufer und Verkäufer in den Hauseingängen und blieb ab und zu stehen, als interessiere er sich für eines der Angebote. Er war nicht das erste Mal auf dem schwarzen Markt und sah sofort, ob einer ein berufsmäßiger Schieber war oder nur ein Verzweifelter, den die Not hierher getrieben hatte. Die Schieber waren gewiefte Burschen, die Verzweifelten wurden von ihnen übers Ohr gehauen. Wollte man loskommen von der Hungerei und heraus aus dem Elend, durfte man nicht zu den Verzweifelten gehören. Je öfter Fred über den schwarzen Markt ging, desto klarer wurde ihm das.

Dann war es dunkel genug. Fred ging zu dem Haus zurück, sah sich vorsichtig um, betrat den Hausflur und tastete nach dem Lichtschalter. Das Licht funktionierte nicht: Stromsperre! Fluchend suchte er in seinen Taschen nach Zündhölzern, riss eines an und leuchtete den Hausflur ab.

Hier also wohnte Anton Seiler! Er hatte den bulligen Mann mit der Glatze schon ein paar Mal gesehen, aber als der ihn gestern in der Kneipe ansprach, war er doch erschrocken zusammengefahren. Seiler hatte gesagt, er beobachte ihn schon seit längerer Zeit: Warum er sich immer nur suchend umblicke, nie jemanden finde und selten einmal ein Bier trinke? Er war rot geworden, hatte aber sofort gewusst, dass der Mann Lügen oder Ausflüchte durchschauen würde. Deshalb hatte er die Wahrheit gesagt: »Ich suche niemanden, ich gucke nur so. Und zum Bier fehlt mir das Geld.«

Anton Seiler hatte die Wirtin gerufen und ihr gesagt, was sein junger Freund an diesem Abend trinke und verzehre, gehe auf seine Rechnung. Dann hatte er noch gesagt, er habe leider keine Zeit mehr, aber wenn er wolle, könne er ja mal bei ihm vorbeischauen; er hätte Arbeit für einen willigen jungen Mann.

Er hatte Seilers Angebot, auf seine Rechnung zu trinken und zu essen, nicht ausgenutzt, nur zwei Bier hatte er getrunken, aber er hatte sich Seilers Adresse gemerkt und nachgedacht: Hatte er gefunden, was er suchte? War Anton Seiler seine Chance?

Das Zündholz erlosch. Fred tastete sich die Wand entlang, bis er die erste Stufe der Treppe erreicht hatte, und stieg vorsichtig in den dritten Stock hinauf. Dort riss er ein neues Zündholz an. Da stand es: *Vera Fichte*. Er nahm seinen Haustürschlüssel und klopfte mit dem Bartende dreimal kurz, aber hart an die Tür. Das war das ausgemachte Erkennungszeichen. Nicht lange und er hörte leise Schritte.

»Wer?«, fragte eine Frauenstimme.

»Ich«, antwortete Fred. Dann fügte er hinzu: »Fred Eulenberg.«

Die Tür wurde geöffnet, der Schein einer Taschenlampe fuhr Fred ins Gesicht und glitt an ihm herunter. Dann machte die Taschenlampe einen einladenden Schwenk.

Fred betrat den dunklen Flur der fremden Wohnung, wartete, bis die Frau die Tür hinter ihm geschlossen hatte, und ließ sich von ihr in ein Zimmer führen, das nur durch eine Kerze erhellt wurde. Die Kerze stand auf dem Tisch neben der Couch, auf der Anton Seiler lag. Doch genau in dem Moment, in dem Fred das Zimmer betrat, flammte das elektrische Licht wieder auf und tauchte den Raum in eine grelle Helligkeit.

»Licht aus!«, schrie der Mann auf der Couch.

»Ja doch, ja doch.« Die Frau schaltete eine Stehlampe ein und die Deckenbeleuchtung aus und verließ den Raum.

»Weiber!«, schimpfte Anton Seiler und richtete sich auf. Er trug nur Hose und Unterhemd, und wie er da vorgeneigt auf der Couch saß, wirkten seine Schultern überbreit, die Arme muskulös, die Hände wie Pranken. Erst sah er Fred lange Zeit nur stumm an, dann zeigte er auf einen Sessel: »Setz dich!«

Fred folgte der Aufforderung, blieb aber auf der Vorderkante des Sessels sitzen.

»Du suchst Arbeit? Wie alt bist du und was kannst du?«

»Ich bin siebzehn und hab das Zeugnis der achten Klasse.«

»Achte Klasse!« Anton Seiler begann vor Fred auf und ab zu gehen. Er war so schwer, dass die Gläser im Schrank bei jedem Schritt leise klirrten. »Siebzehn und die achte Klasse! Sonst hast du nichts vorzuweisen?«

Fred schüttelte den Kopf. Früher, als er in die sechste, siebte Klasse gegangen war, hatte er vorgehabt, das Abitur zu machen. Er war ein guter Schüler gewesen, das Lernen war ihm leicht gefallen. Dann waren die Bomber gekommen, Nacht für

Nacht waren sie gekommen, und niemand wusste am Abend, ob er den nächsten Morgen noch erleben würde. Er hatte nicht mehr lernen können und war froh gewesen, als die Schule geschlossen wurde und er das Abschlusszeugnis der achten Klasse ohne irgendwelche Prüfungen überreicht bekam. Als die Schule nach Kriegsende wieder öffnete, hatte er keine Lust mehr gehabt, noch weiterzumachen. Abgesehen von Mathematik, Physik und Chemie stimmte nichts mehr von dem, was er in den Jahren zuvor gelernt hatte.

»Schulbildung!« Anton Seiler sah auf Fred herab. »Das Leben formt den Mann. Wer etwas kann, wird etwas, wer nichts kann, bleibt sein Leben lang ein kleiner Fisch.« Er nahm zwei Gläser und eine Flasche aus dem Schrank, ließ sich Fred gegenüber nieder und schenkte aus der Flasche ein. Dann reichte er Fred ein Glas. »Bei mir lernst du, wie man es zu etwas bringt. Allerdings, umsonst ist nichts, du wirst anpacken müssen.« Fred nahm das Glas und nickte. Was hatte dieser Seiler mit ihm vor?

Anton Seiler kippte den Schnaps in seinen Hals. »Ich beobachte dich schon längere Zeit«, sagte er dann wieder. »Ich glaube, du bist einen Versuch wert.«

Fred kämpfte den Husten nieder, den der scharfe Schnaps in seinem Hals ausgelöst hatte, und fragte: »Was muss ... was soll ich denn tun?«

»Alles zu seiner Zeit!« Seiler goss sich Schnaps nach und trank das Glas gleich wieder leer »Das kannst du dir merken, von mir erfährst du immer nur so viel, wie du unbedingt wissen musst.«

Wenn er nicht wissen durfte, was er zu tun hatte, auf was ließ er sich da ein?

Anton Seiler ging an den Schrank und kramte hinter einem Stoß Wäsche einige Dosen und Tüten hervor. Er sortierte eine Dose, zwei Tüten und einige kleinere Päckchen aus und stellte alles andere zurück. Was übrig blieb, legte er Fred in den Schoß: »Das ist dein Vorschuss.«

In der Dose war amerikanisches Cornedbeef, eine der Tüten enthielt Mehl, die andere Zucker. Die Päckchen enthielten amerikanische Zigaretten und zwei Tafeln englische Schokolade. Eine Sekunde lang wollte Fred fragen, was mit dem Vorschuss geschähe, wenn er die ihm angebotene Arbeit ablehnte, dann vergaß er diese Frage, sah er sich mit seinen Schätzen nach Hause kommen, die Augen der Geschwister, den Blick der Mutter. Es würde das erste Mal sein, dass er etwas zu essen besorgt hatte.

»Deine erste Aufgabe ist ganz einfach: Ich brauche ein paar Jungen, die nichts weiter tun müssen, als zu einer bestimmten Zeit auf bestimmten Plätzen zu stehen und laut zu pfeifen, falls sich ein Polizist zeigen sollte.«

»Ein Einbruch?«

»Hast du Angst?« Anton Seiler griff nach der Dose mit dem Cornedbeef und studierte die Aufschrift.

»Nein«, antwortete Fred hastig und ließ keinen Blick von der Dose in Seilers Händen.

Seiler legte die Dose zurück. »Das ist klug, mein Sohn! In diesen Zeiten Angst zu haben, kann tödlich sein – hungertödlich! Aber keine Sorge: Die Sache ist ungefährlich. Die Leute in dem Haus, das wir besuchen, tun uns nichts; die sind froh, wenn wir ihnen nichts tun.«

Wir? Das hieß also, er sollte auch mit dabei sein und nicht nur die Jungen besorgen ...?

»Die Sache ist wirklich ganz ungefährlich«, wiederholte Seiler. Dann aber ergänzte er: »Natürlich nur, wenn rings um das Haus Wachtposten stehen. An jeder Ecke einer, also mindestens vier.«

»Und was bekommen die dafür?«, fragte Fred.

»Geld«, antwortete Anton Seiler. »Fünfzig Mark pro Nase. Wollte ich mehr zahlen, würde ich mir Männer besorgen. Was die Jungen zu machen haben, ist so simpel, dass wir keine Männer brauchen.« Er sah Fred an: »Du kennst doch genügend Jungen, die dafür in Frage kommen, oder?«

Fred nickte stumm.

»Die Burschen dürfen nicht erfahren, wer dahinter steckt«, fuhr Seiler fort. »Nur du verhandelst mit ihnen. Du zahlst ihnen hinterher auch das Geld aus. Wenn sie dich fragen, erzählst du ihnen irgendwas von einem Chef. Solltest du doch quatschen …« Er verschränkte die Finger seiner Hände ineinander und schwieg.

»Ich sage nichts«, versprach Fred. Und dann wollte er nur noch wissen: »Für … für wann soll ich die Jungen denn bestellen?«

»Für Freitagabend, den genauen Termin sage ich dir, wenn du die Jungen hast.« Anton Seiler nahm eine Zeitung und warf sie Fred zu. »Spätestens Donnerstag sagst du mir, wen du hast. Bedingung: Sie müssen auf zwei Fingern pfeifen können und dürfen keine Wickelkinder mehr sein.«

Fred packte seine Schätze in die Zeitung, verabschiedete sich und tastete sich hastig durch den dunklen Flur aus der Wohnung.

Der Weihnachtsmann ist da

Eule steckte einen Finger in den Hals, würgte und erbrach, was sich in seinem Magen befand. Dann hockte er sich auf den Klodeckel und wartete darauf, dass ihm besser wurde. Er hatte Glück; als er kam, war Karin gleich gegangen, so hatte sie nicht gemerkt, dass er Schnaps getrunken hatte. Komischerweise war ihm nicht sofort schlecht geworden, sondern erst jetzt, nachdem es draußen schon dunkel war und schon längst die Mutter da sein müsste.

Als das flaue Gefühl in der Magengegend nachgelassen hatte, spülte er den Mund aus und klatschte sich mit beiden Händen Wasser ins Gesicht. Er war damit noch nicht ganz fertig, da kam die Mutter. Sie begrüßte erst Dieter, der im Flur spielte, und strich dann Eule, der aus dem Bad kam, das feuchte Haar aus der Stirn. »Wir mussten länger bleiben«, sagte sie. »Die Polizei war da, die Feuerwehr auch. Wir sind auf Überreste gestoßen.«

Überreste waren Bombenopfer, Menschen, die nicht rechtzeitig aus den Häusern gekommen waren, als die Bomben fielen. Eule hatte schon von diesen »Überresten« gehört, aber bisher hatte die Mutter nichts mit ihnen zu tun gehabt. Nun stellte er sich vor, wie die Mutter auf einen Arm, ein Bein oder einen Kopf stieß. Ihm wurde wieder schlecht. Er lief zurück ins Bad und würgte erneut.

Die Mutter war Eule gefolgt. »Ich hätte dir nichts davon erzählen sollen«, entschuldigte sie sich. »Wenn man nichts Richtiges im Bauch hat, verträgt man nicht einmal Worte.« Sie ging in den Flur zurück, setzte sich auf den Stuhl neben dem Schuhschrank und zog ihre Schuhe aus.

Eule ging an der Mutter vorüber in die Küche, setzte sich an den Tisch und stützte den Kopf in die Hände. Er war jetzt nur noch müde, nichts als müde.

»Ist Fred nicht da?«

Stumm schüttelte Eule den Kopf. Er hatte den Bruder den ganzen Tag über noch nicht gesehen.

»Und Karin?«

Die Mutter setzte sich zu Eule und legte ihre Hände auf den Tisch.

»Die ist bei Hansi.«

»Die beiden hocken mir zu oft beieinander.«

»Ziehst du die Handschuhe nicht mehr an?« Eule nahm ihre Hände und drehte sie vorsichtig herum: Beide Handinnenflächen waren rot und voller Blasen.

»Ich muss mir neue besorgen«, antwortete die Mutter, »die alten sind hinüber. Sie waren zu dünn für diese Arbeit.«

»Aber das muss doch sehr wehtun?«

Die Mutter zog die Hände zurück. »Handschuhe gibt's nur auf dem schwarzen Markt und der ist mir zu teuer.«

An der Tür wurde geschlossen, Karin kam. Mit erhitztem Gesicht betrat sie die Küche und begrüßte die Mutter. Dann stand sie eine Zeit lang unschlüssig herum und wollte wieder hinaus.

»Was ist mit dir?«, fragte die Mutter.

»Ach, nichts!«

»Keiner sagt mir etwas, nur arbeiten darf ich für euch!«, schimpfte die Mutter. »Sagt es mir doch, wenn ich euch störe.«

Karin starrte die Mutter verständnislos an und stürzte aus der Küche. Im Flur wäre sie beinahe über Dieter gefallen.

»Und dieses blöde Gehopse hier fällt mir auch auf den Wecker!«, schrie sie und brach in Tränen aus.

»Red nicht so von Dieter!«, rief die Mutter aus der Küche. »Wenn du Streit mit Hansi hattest, lass deinen Ärger nicht an uns aus.«

Da kam Karin zurück. »Damit du es weißt, mit Hansi ist es aus«, schrie sie, »ein für alle Mal aus!« Dann stürzte sie wieder davon.

Die Mutter legte die Hände vors Gesicht, seufzte und wollte etwas sagen, kam aber nicht dazu, an der Wohnungstür wurde geklingelt.

Eule stand auf und öffnete.

Es war Fred. Er trug ein in Zeitungspapier gewickeltes Paket und sang: »Der Weihnachtsmann ist da!«

Eule musste lachen. So fröhlich hatte er Fred schon lange nicht mehr gesehen.

In der Küche packte Fred sein Paket aus. Die Mutter nahm die Dose mit dem Rindfleisch in die Hand und fragte leise: »Wo hast du das her?«

»Ich hab Arbeit.« Fred öffnete eine Tüte, feuchtete einen Finger an, tunkte ihn in den Zucker und leckte ihn ab. »Das ist was anderes als Süßstoff.«

Die Mutter sah ihn zweifelnd an: »Arbeit? Bei wem? Und bezahlen die mit Ware anstatt ...?«

»Frag doch nicht so!« Freds gute Laune war hin. »Ich habe Arbeit und das genügt! Ich zwinge niemanden zu nehmen, was ich bringe.«

Er nahm eine der beiden Tafeln Schokolade, öffnete sie, brach einen Riegel ab und ging zu Dieter, um ihm ein Stück davon in den Mund zu stecken.

Dieter kostete vorsichtig. Dann nahm er die Schokolade aus dem Mund und warf sie in Richtung Wohnungstür.

»Ist der bekloppt?« Fred hob die Schokolade auf, brachte sie in die Küche, spülte sie unter der Wasserleitung ab und aß sie selber. Er war ärgerlich, und nicht nur wegen Dieter.

»Wie soll er wissen, dass Schokolade etwas Gutes ist? Er hat in seinem Leben noch keine gegessen.« Die Mutter brach einen zweiten Riegel ab und brachte ihn dem kleinen Bruder, der im Flur auf dem Boden saß und nicht wusste, weshalb der große Fred böse mit ihm war. »Fein, fein!«, sagte sie dabei, leckte an der Schokolade und hielt sie Dieter hin.

Dieter leckte auch an der Schokolade, leckte noch einmal daran und biss schließlich zögernd ein Stück davon ab. »Ist doch ein ulkiger Knabe«, wunderte sich Fred.

Die Mutter kam zurück und schob Eule die Schokolade hin, damit er sich auch ein Stück abbrechen konnte. Dann nahm sie die Tüten mit dem Mehl und dem Zucker, betrachtete sie und sagte: »Ich weiß, du meinst es gut. Aber du musst verstehen, dass ich Angst um dich habe. Was ist das für eine Arbeit, die du da angenommen hast?«

»Ich arbeite in einer Speditionsfirma«, log Fred. »Ich hab alles Mögliche zu tun: Botengänge, Organisation. Geldeinzahlungen und so weiter.«

»Aber eine Lehrstelle ist es nicht?«

»Lehrlinge erhalten keinen Vorschuss«, antwortete Fred ungeduldig. »Die kriegen überhaupt nichts, nur arbeiten, dass die Schwarte kracht, das dürfen sie.«

»Immerhin haben sie eines Tages einen Beruf.« Die Mutter schob die Tüten und die Dose über den Tisch, als könne sie sich nicht entschließen, sie anzunehmen.

»Wer was kann, wird was, wer nichts kann, bleibt sein Lebtag lang ein kleiner Fisch«, entgegnete Fred. »Schulbildung und Beruf helfen da überhaupt nicht.«

»Wer hat dir denn das gesagt?«

»Mein Chef!«, triumphierte Fred. »Einer, der es zu etwas gebracht hat.«

»Was ist denn das für ein Chef? Und wie heißt diese Firma überhaupt?«, fragte die Mutter.

»Die Firma?«, fragte Fred, als hätte er die Frage nicht richtig verstanden. Und dann log er wieder: »Meyer-Böhm heißt sie. Der Chef heißt Franz Meyer. Der Böhm ist schon lange tot.«

»Von dieser Firma habe ich noch nie etwas gehört.«

»Du musst ja nicht alle kennen«, erwiderte Fred heftig. »Es ist eine Spedition, die Transporte abwickelt und Umzüge übernimmt. Und weil es heutzutage kaum was zu kaufen gibt und ich Herrn Meyer von euch erzählt habe, hat er mir was zu essen mitgegeben und gesagt, wir verrechnen das mit dem Gehalt.« Er ging auf die Mutter zu und zog sie an sich. »Sei doch froh, dass ich überhaupt Arbeit habe. Und noch dazu in einer Firma, der es gut geht. Oder denkst du, der Meyer könnte sich einen solchen Bauch leisten, wenn es ihm nicht gut ginge?« Fred streckte beide Arme aus, um zu zeigen, welch einen gewaltigen Bauch der Herr Meyer hatte.

Eule musste lachen, die Mutter blieb ernst. »Es ist nicht gerade die richtige Zeit für Bäuche«, sagte sie.

»Nicht die Zeit für Bäuche!« Fred stieß die Luft aus. »Du hast wirklich keine Ahnung. Dass er einen solchen Bauch hat, ausgerechnet jetzt, da alle anderen hungern, beweist doch, dass er Köpfchen hat.«

»Oder kein Gewissen.« Die Mutter nahm den Zucker, das Mehl und die Dose mit dem Cornedbeef und verstaute alles im Schrank. Dann drehte sie sich zu Fred um und sagte: »Du musst schon entschuldigen, ich weiß immer noch nicht, ob ich danke sagen soll oder nicht.«

Eine Trümmerbande

Die Mutter sprach nicht mit Pit. Weder am Abend noch am Morgen. Als er nach Hause gekommen war, hatte sie sofort gerochen, dass er Schnaps getrunken hatte. Sie hatte ihn ins Bad geschoben, ihm befohlen, sich gründlich zu waschen, und ihn danach ins Bett gesteckt. Er war sofort eingeschlafen und mitten in der Nacht wieder aufgewacht. Dann hatte er lange wach gelegen und dem leisen Atem der Mutter gelauscht. Sein Kopf war heiß und voller wirrer Gedanken gewesen. Erst gegen Morgen, als schon das Tageslicht durch die Ritzen der mit Pappe vernagelten Fenster drang, war er wieder eingeschlafen. Nun saß er in der Küche über seinen Broten mit der Rübenmarmelade, trank von der Milch aus Milchpulver, die ihm die Mutter hingestellt hatte, und hatte ein schlechtes Gewissen. Aber so langsam er auch aß und trank, einmal wurde er doch fertig und musste der Mutter das mit dem Schnaps erklären. Unlustig stand er auf und ging ins Wohnzimmer.

Die Mutter war gerade dabei, einen Saum abzustecken, hatte den Mund voller Stecknadeln und sah nicht auf. Pit erzählte, Eule, Spatz, Schonny und er wären bei Ballo gewesen. Sie hätten in seinem Zimmer gesessen und eine Organisation gegründet. Und dabei hätten sie Schnaps getrunken. Aber jeder nur ein einziges Glas.

Die Mutter nahm die Stecknadeln aus dem Mund: »Eine Organisation? Was für eine Organisation denn?«

Pit erschrak. Er hatte nur an den Schnaps gedacht und dabei etwas gesagt, was er nicht hätte sagen dürfen. Er wusste ja, wie die Mutter dachte und was sie von Ballo hielt. »Einfach eine Organisation«, sagte er hilflos, »nichts Besonderes.«

»Nichts Besonderes?« Die Mutter ließ den Stoff aus den Händen gleiten. »Ja, wisst ihr denn nicht, dass es verboten ist, Banden zu gründen?«

»Wir sind keine Bande, wir sind eine Organisation.«

»Ihr seid eine Bande«, widersprach die Mutter, »eine Trümmerbande seid ihr! Oder denkst du, ich glaube dir den einen Schnaps? Du warst ja richtig betrunken. Und das mit Ballos Zimmer ist auch eine Lüge. Ich bin ja nicht blind, ich hab doch gesehen, wie du gestern ausgesehen hast. In den Trümmern habt ihr euch herumgetrieben. Und das, obwohl du mir versprochen hattest, nicht wieder in die Trümmer zu gehen.« Sie packte Pit an den Schultern. »Meine Geduld ist jetzt zu Ende. Entweder du versprichst mir, nicht in dieser Bande mitzumachen, oder ich lasse dich nicht mehr auf die Straße.«

Einen Augenblick lang sah Pit die Mutter ungläubig an, dann schrie er: »Das darfst du nicht, das ist gemein!«, riss sich los und lief davon.

»Komm zurück!«, rief die Mutter ihm nach. »Komm sofort zurück!« Aber Pit hörte nicht. Er lief durch den Flur und aus der Wohnung. Auf der Treppe wäre er beinahe mit Karin zusammengestoßen.

»Was ist denn mit dir los?«

Pit lief an Karin vorüber die Treppe hinunter und auf den Hof. Dort steckte er zwei Finger in den Mund und ließ einen schrillen Pfiff ertönen.

»Willst du wohl nicht solch einen Lärm machen!« Frau Sauer, die Portiersfrau, stand am Fenster ihrer Parterrewohnung und drohte mit dem Handfeger. Pit drehte ihr den Rücken zu und sah in den vierten Stock hoch.

Eules Kopf erschien im Fenster.

»Kommste runter?«

Eule streckte Daumen und Zeigefinger aus. Zwei Minuten, hieß das. Pit nickte und ging auf die Straße. Vor der Haustür standen Hansi und Karin. Sie standen da, als wären sie sich fremd. Pit setzte sich auf den Rinnstein, sah den spielenden Kindern zu und drehte sich von Zeit zu Zeit nach der Haustür um: Eules zwei Minuten dauerten ziemlich lange.

Karin verließ die Haustür und schlenderte die Straße entlang. Hansi blieb noch einige Zeit stehen, dann schob er die Hände in die Hosentaschen und folgte ihr.

Pit grinste. Hansi und Karin waren das bekannteste Liebespaar der ganzen Straße. Aber alle paar Tage hatten sie Streit miteinander. Man konnte direkt darauf warten.

Auf der Mauer

Die Ruine, die Ballo zum Treffpunkt bestimmt hatte, bestand nur noch aus der Vorderfront eines ehemals vierstöckigen Mietshauses. Vom ersten bis zum dritten Stock stieg die Mauer stufenartig an, dann fiel sie senkrecht ab.

Ballo und Spatz ließen ihre Augen die einzelnen Stufen entlangwandern. Spatz war neugierig und wollte wissen, weshalb sie sich ausgerechnet hier verabredet hatten, aber Ballo hatte keine Lust, alles doppelt und dreifach zu erklären. Erst als auch Pit, Eule und Schonny gekommen waren, begründete er, weshalb er diese Ruine zum Treffpunkt erkoren hatte. Er wies auf die Mauer und sagte: »Da steige ich jetzt rauf. Wer es mir nachmacht, wird in die Organisation aufgenommen. Wer nicht ...« Er zuckte die Achseln: »Ich hab ja gesagt, dass ich eine Mutprobe verlange.«

Die vier Jungen sahen zu der Ruine hinüber und schwiegen. Dass Ballo sich was Schwieriges einfallen lassen würde, hatten sie sich denken können. Aber was er nun vorhatte, war gewagter, als sie es sich vorgestellt hatten.

»Schiss?«, fragte Ballo.

Pit schob sich die Haare aus der Stirn. »Die ist doch viel zu wacklig, um darauf herumzuklettern. Einmal niesen und sie stürzt ein.«

Schonny und Spatz lachten vorsichtig, Ballo aber sagte: »Wenn sie mich trägt, trägt sie dich erst recht.«

»Und woher willste das wissen?«

»Das ist mein Risiko«, antwortete Ballo und ging auf die Ruine zu. Vor einem der Hauseingänge, aus dessen offenem Tor Schutt und Steine quollen, blieb er stehen. Neben dem Eingang stand mit Kreide geschrieben: *Irene Moll – jetzt Grüneberger Straße 12*, und daneben, in anderer Schrift: *Walter, wo bist du? Melde dich bei Frau Falck.*

Den Jungen wurde es immer unbehaglicher zumute, aber sie sagten nichts. Still folgten sie Ballo zur Rückseite der Ruine. Dort sah die Ruine noch nackter und brüchiger aus. Ein

Stück Treppengeländer hing frei in der Luft, sonst war alles weggerissen und lag auf dem Schuttberg zwischen den Frontmauern.

»Da steige ich nicht rauf«, erklärte Pit. »Ich bin doch nicht lebensmüde.«

Ballo kniff die Augen zusammen. »Ich bin auch nicht lebensmüde und trotzdem mach ich's.« Und ohne die Jungen noch einmal anzusehen, begann er den Schuttberg zu besteigen.

»Mach doch keinen Mist!«, schrie Pit. Doch Ballo hörte nicht, über Schutt und Geröll hinweg kletterte er immer höher. »Wenn ihm nur nichts passiert!«, seufzte Spatz. Und Schonny kratzte sich den Hinterkopf und sagte: »Mut hat er ja!«

Pit lief um die Ruine herum und überquerte die Straße. Auf dem gegenüberliegenden Bürgersteig drehte er sich um: Irgendwo in Höhe des ersten Stocks musste Ballo auftauchen. Schonny, Spatz und Eule, die Pit gefolgt waren, sahen ebenfalls zur Ruine hinüber.

Es verging einige Zeit, bis Ballo endlich erschien. Zuerst sahen die Jungen nur seinen Kopf und die Schultern, dann saß er auf der Mauer und richtete sich vorsichtig auf. Als er stand, drehte er sich so, dass der schräge Anstieg vor ihm lag, und schob sich, Stein für Stein mit den Füßen prüfend, langsam vorwärts. So kam er längere Zeit gut voran, dann trat er auf einen losen Stein, der hinunterpolterte, und geriet ins Wanken. Er blieb bewegungslos stehen, ließ sich auf Hände und Füße nieder und kroch weiter.

Die Jungen, die die Luft angehalten hatten, als der Stein herabpolterte, wandten keinen Blick von Ballo, der immer höher kroch, und Schonny wiederholte bewundernd: »Mut hat er ja!«

Schließlich hatte es Ballo geschafft. Vorsichtig drehte er sich so, dass er sich setzen konnte. Doch er blieb nicht sitzen, ging in die Hocke und richtete sich langsam wieder auf.

»Was macht er denn jetzt?« Spatz wischte sich die vor Aufregung feuchten Finger an seiner Turnhose ab. Und auch Pit war aufgeregt. Er konnte kaum hinsehen, ihm war, als müsse Ballo jeden Augenblick abstürzen und mit zerschmettertem Körper auf dem Straßenpflaster liegen bleiben. Dann aber stand Ballo; wie ein zu klein geratenes Denkmal auf einem riesigen Sockel stand er da und streckte den rechten Arm aus – zum Hitlergruß. Danach ging er wieder in die Hocke, kam auf der Mauer zu sitzen und rutschte vorsichtig abwärts.

»Macht ihr ihm das nach?«, fragte Spatz beklommen, als Ballo unten angekommen und nicht mehr zu sehen war.

Pit schüttelte stumm den Kopf. Und Schonny sagte ehrlich: »Das trau ich mich nicht.«

Ballo kam über die Straße und klopfte sich den Staub von der Hose. »Es ist ziemlich gefährlich«, sagte er. »Ihr braucht nicht bis ganz nach oben. Wenn ihr die Hälfte schafft, habt ihr bestanden.«

Die Jungen blickten zur Seite, Pit aber konnte nicht an sich halten. »Was du gemacht hast, war Wahnsinn«, warf er Ballo vor. »Wenn du glaubst, dass wir auch so blöd sind, haste dich geirrt.«

Ballo blickte finster. »Ich wusste ja, dass die Kagelmänner nicht besonders mutig sind, dich aber hatte ich bisher nicht für so feige gehalten.«

Pit schoss das Blut in den Kopf. Ballo sprach von Uli, er

spielte auf Ulis Überlaufen zu den Russen an. »Uli ist nicht feige«, entgegnete er heftig.

»Ach? Und wie nennst du das, wenn einer sich verdrückt, während die anderen die Köpfe hinhalten?«, fragte Ballo. Und als Pit nicht gleich antwortete, fuhr er fort: »Für mich ist das Feigheit, nichts als jämmerliche Angst um das eigene bisschen Leben.«

Pit senkte den Kopf und schwieg. Dann schob er die Hände in die Taschen und ging langsam über die Straße, ging um die Ruine herum und bestieg den Schuttberg.

Eule war Pit gefolgt, aber unterhalb des Berges stehen geblieben. »Was haste denn vor?«, rief er hinauf.

Pit antwortete nicht, sah sich nur um. Wo hatte Ballo seinen Aufstieg begonnen? Woran hatte er sich hochgezogen? Sein Blick fiel auf einen Eisenträger, der schräg im Schutt steckte. Er bestieg den rostigen Träger und balancierte auf ihm entlang, bis er das äußerste Ende erreicht hatte. Dann ließ er sich nach vorn fallen, stützte sich an der Mauer ab und suchte mit den Zehen des rechten Fußes einen Halt in der Wand. Er fand eine Fuge, schob den Fuß, so weit es ging, hinein und stieß sich mit dem linken Fuß von dem Eisenträger ab. Er bekam den Mauerrand zu fassen, zog sich hoch und setzte sich rittlings auf die Mauer.

Eule war wieder bei den anderen. Zu viert standen sie auf dem gegenüberliegenden Bürgersteig und sahen zu Pit hoch.

Pit richtete sich vorsichtig auf und schob einen Fuß vor. Etwas trockener Zement bröckelte ab und rieselte auf die Straße hinunter. Er schob den anderen Fuß vor, Fuß für Fuß schob er sich die Mauer entlang, bis die Steine wie Stufen vor ihm lagen. Von hier an hatte Ballo sich auf allen vieren vorwärts bewegt. Wenn er es schaffte, hoch aufgerichtet weiterzugehen, hatte er einen Sieg errungen. Er breitete die Arme aus und hob das rechte Bein, schwankte und setzte das Bein wieder ab. In seiner Stirn pochte es, ihm war heiß.

»Komm runter!« Ballo war über die Straße gelaufen und sah zu Pit hoch. »Du hast die Probe bestanden«, rief er. »Mehr verlange ich nicht.«

Gab er jetzt auf, hatte er verloren, ganz egal, ob er Ballos Probe bestanden hatte oder nicht. Er musste weiter, musste zeigen, dass er sich nicht fürchtete. Wieder hob Pit den Fuß.

»Kriech doch wenigstens!«, schrie Ballo.

Da ließ Pit sich auf die Knie nieder und kroch Stufe für Stufe vorwärts. Kleine Steine bohrten sich ihm in die Knie. Er sah nach unten und erschrak: So hoch war er schon? Dann hob er den Kopf und blickte nach vorn. Es war noch kein Ende abzusehen, immer weiter führte der Anstieg, immer höher musste er kriechen, wollte er den höchsten Punkt der Ruine erreichen.

»Komm runter!«, rief Ballo erneut.

Jetzt nicht! Jetzt erst recht nicht! Ballo sollte staunen.

Ein schwer beladener Lkw kam die Straße entlang. Er brummte laut. Pit schrie auf. Die Mauer unter ihm schwankte. Dann war der Lkw vorüber und Pit lag regungslos auf der Mauer. Kalter Schweiß stand ihm auf der Stirn. Auf was hatte er sich da eingelassen? Und wie kam er hier wieder runter? Er konnte sich ja nicht einmal umdrehen auf dieser Schräge.

»Kriech rückwärts!«, schrie Ballo. »Kriech ganz langsam rückwärts.« Er lief um die Mauer herum, auf den Schuttberg hinauf und war Pit plötzlich sehr nahe. Pit kroch rückwärts. Ganz langsam kämpfte er sich einen Fußbreit um den anderen rückwärts. Er konnte nichts sehen, konnte nur mit den Füßen tasten. Und er schwitzte. Der Schweiß lief ihm in die Augen, aber er wagte nicht, eine Hand von der Mauer zu nehmen, um ihn fortzuwischen.

»Gleich haste's geschafft«, rief Ballo erleichtert.

Pit wollte nicken, doch nicht einmal das brachte er fertig. Ohne sich umzublicken, kroch er weiter, bis er die Stelle erreicht hatte, an der er auf die Mauer gestiegen war. Er ließ sich an der Mauer herab und hangelte mit den Beinen nach dem Eisenträger. Doch der Träger war zu weit entfernt, seine Füße hingen in der Luft. Er hörte Ballo rufen, er solle warten, und spürte, dass er nicht warten konnte. Seine Kraft ließ nach, die Hände glitten von der Mauer, er stieß einen leisen Schrei aus und stürzte ab.

Hunger

Als Pit die Augen öffnete, lag er auf dem Schuttberg. Ballos, Eules, Spatz' und Schonnys Gesichter waren über ihm und tanzten auf und ab, als wollten sie sich über ihn lustig machen.

»Er ist wieder bei sich.«

Ballos Stimme! Wie von fern drang sie in Pits Bewusstsein. Er schloss die Augen und öffnete sie wieder. Die Gesichter der Freunde tanzten nicht mehr. Blass und erschreckt sahen sie auf ihn hinunter.

»Hast du dir etwas gebrochen?«, fragte Ballo.

Pit bewegte erst das eine und dann das andere Bein. Danach die Arme. Gebrochen hatte er sich nichts. Vorsichtig legte er eine Hand an die Stirn – und zuckte zurück: Die Stirn war dick und schmerzte.

»Nur eine Beule!«, beruhigte ihn Ballo. Und dann fragte er: »Kannst du aufstehen?«

Pit nickte.

Eule und Ballo zogen Pit hoch, aber als er stand, dröhnte es in seinem Kopf und die Mauern der Ruine drehten sich um ihn.

»Hol tief Luft«, rief Ballo, »das hilft am besten.«

Pit versuchte es, ließ es aber schnell wieder sein. Der Brustkorb schmerzte.

Behutsam führten Ballo und Eule Pit den Schuttberg hinunter.

»Deine Hose ist kaputt«, sagte Spatz.

Pit besah sich die blutenden Kratzer und Schürfwunden an Beinen und Armen und horchte in sich hinein. Dann drehte er sich um und betrachtete die Ruine, als könne er sie erst jetzt so richtig einschätzen. Ballo folgte seinem Blick. »Nichts wie weg hier!«, sagte er dann leise und führte Pit zwischen Eule und sich die Straße entlang. Die Passanten, die den Jungen entgegenkamen, guckten verwundert, sagten aber nichts.

An der Ecke Rügener Straße verabschiedeten sich die Jungen voneinander. Nur Pit und Eule blieben zusammen. Sie betraten gemeinsam das Haus und stiegen in den ersten Stock hinauf. Pit bat Eule, zu klingeln und am Anfang dabeizubleiben. Er fürchtete sich davor, der Mutter allein unter die Augen zu treten.

Die Mutter öffnete die Tür und wurde bleich. »Was ist denn passiert? Mein Gott, was ist passiert?«

»Er ... er ist gefallen«, stotterte Eule.

Die Mutter zog Pit in den Flur und schaltete das Licht ein. Vorsichtig schob sie ihm das Haar aus der Stirn und betrachtete die Beule. Pit sah, wie Eule sich leise davonmachte, und schloss die Augen. Was jetzt kam, musste er allein durchstehen. Doch es kam nichts. Die Mutter führte ihn ins Wohnzimmer, ließ ihn sich auf der Couch niederlegen und tastete ihm Arme, Beine, Hals und Brust ab. Dann ging sie in die Küche und kam mit einer Schüssel Wasser und zwei Waschlappen zurück. Einen der Lappen tränkte sie im Wasser und legte ihn Pit auf die Stirn. Mit dem anderen Lappen begann sie die Schürfwunden zu säubern. Als sie damit fertig war, blieb sie noch eine Zeit lang auf der Couch sitzen und drehte den inzwischen warm gewordenen Stirnlappen auf die andere Seite. Erst als sie glaubte, dass sie seine Beule genug gekühlt hatte, stand sie auf und sagte: »Schlaf, wenn du kannst.«

Durch die Augenwimpern hindurch beobachtete Pit, wie die Mutter hinausging und wiederkam, wie sie sich hinter die Nähmaschine setzte und sie einschalten wollte, es sich anders überlegte, einen Stuhl nahm und sich ans Fenster setzte. Ihm wurde es warm, ein angenehmes Gefühl überkam ihn, er schloss die Augen und schlief nach einiger Zeit tatsächlich ein. Als er wieder erwachte, war es im Zimmer bereits dunkel.

Die Mutter saß noch immer am Fenster und sah hinaus. Sie dachte über irgendetwas nach. Pit wagte nicht, sie zu stören. Er schloss die Augen und wäre wieder eingeschlafen, wenn da nicht der Hunger gewesen wäre, der in ihm nagte, als wollte er ihm wehtun. Er drehte sich vom Rücken auf den Bauch und vom Bauch wieder auf den Rücken und wurde so unruhig, dass die Mutter auf ihn aufmerksam wurde. Als wäre sie aus einem Traum erwacht, ging sie zur Tür, um die Deckenbeleuchtung einzuschalten. Doch das Licht flammte nur kurz auf, dann verlosch es wieder.

»Haben wir eine Stromsperre?« Einen Moment lang stand die Mutter da, als wüsste sie nicht, was sie nun tun sollte. Dann ging sie in den Flur und schaltete dort das Licht ein. Es funktionierte. Also war im Wohnzimmer die Glühbirne durchgebrannt.

»Auch das noch!« Die Mutter kam ins Wohnzimmer zurück, nahm einen Stuhl, stellte sich drauf und schraubte die Glühbirne aus der Fassung. Sie hielt sie ans Ohr und schüttelte sie. »Kaputt«, stellte sie fest. »Wo bekomme ich denn jetzt eine neue her? Es gibt doch keine.«

»Tausch die Birnen doch aus«, riet Pit, froh, etwas sagen zu dürfen. »Im Schlafzimmer brauchen wir kein Licht.«

Die Mutter überlegte nur kurz. »Das werde ich tun.« Sie ging aber nicht ins Schlafzimmer, sondern erst einmal in die Küche, und kam mit einer brennenden Kerze zurück. Mit der Kerze in der Hand setzte sie sich zu Pit auf die Couch und leuchtete ihm ins Gesicht. »Geht's dir besser?«

Pit sah die Mutter an. »Ich habe Hunger, ganz schrecklichen Hunger.«

Die Mutter legte ihre Hand auf seinen Bauch. »Ich habe nichts. Es gibt nichts. Die Frau Liesecke hat seit drei Tagen kein Mehl bekommen, sie hat ihren Laden gar nicht erst geöffnet. Ich bin herumgerannt wie eine Verrückte, aber nichts: keine Kartoffeln, kein Mehl, kein Eipulver, nichts!«

»Überhaupt nichts?«, fragte Pit. Es erschien ihm undenkbar, den ganzen Abend und auch am nächsten Morgen nichts zu essen zu bekommen.

»Überhaupt nichts«, wiederholte die Mutter.

Pit biss sich auf die Lippen: Weinen nützte nichts, weinen machte nur alles noch schwerer.

»Am Freitag mache ich eine Kartoffelfahrt«, tröstete ihn die Mutter. »Vielleicht hab ich Glück und bring was Schönes mit.«

»Nach Fürstenwalde?« Wenn die Mutter etwas zu essen besorgen wollte, fuhr sie meistens in die Stadt, in der sie geboren war. Um Fürstenwalde herum gab es viele Bauernhöfe, einige der Bäuerinnen waren ihre Schulfreundinnen gewesen. Sie nahm etwas zum Tauschen mit – Bettwäsche, Tischdecken, Geschirr, Besteck oder Schmuck – und tauschte diese Dinge gegen Kartoffeln, Brot, Mais oder Mehl ein. Kartoffelfahrten nannten die Leute diese Reisen, oder auch Hamstern.

»Ich mach's nicht gerne«, seufzte die Mutter. »Es ist nicht schön, sich immer dann der alten Freunde zu erinnern, wenn man nichts mehr zu essen hat.«

»Hast du denn noch was zum Tauschen?« Pit dachte an all das Zeug, das die Mutter im Laufe der letzten zwei Jahre schon nach Fürstenwalde geschleppt hatte. Es konnte kaum noch etwas da sein, abgesehen von Vaters Anzügen, aber die wollte die Mutter ja für Uli aufbewahren.

Die Mutter ging an den Schrank und kramte in den Stoffresten herum, bis sie Vaters silberne Taschenuhr in der Hand hielt.

»Das darfst du nicht!«, rief Pit. Vaters Taschenuhr war ihr Schatz. Es war eine Spieluhr und in dem Deckel war ein Foto angebracht: Vater und Mutter als Brautpaar.

»Denkst du, es fällt mir leicht? Eine Uhr ist eine Uhr, wir aber müssen leben.« Die Mutter setzte sich wieder zu Pit auf die Couch.

Das mit dem »wir« hatte die Mutter nur so gesagt, sie dachte nicht an sich, sie dachte an ihn. Für sich allein hätte sie Vaters Taschenuhr nicht angerührt. Pit hielt die Uhr fest: »Du darfst sie nicht weggeben!«

Die Mutter zögerte. »Wir hätten ausgebombt werden können, wo wäre Vaters Uhr dann? Eine alte Uhr ist doch nur ein Gegenstand, wirklich wichtig ist sie nicht. Wirklich wichtig sind nur wir Menschen; *wir* müssen über die Zeit kommen, nicht die Gegenstände.«

»Aber nicht Vaters Uhr«, bat Pit.

Die Mutter sah die Uhr lange an. »Na gut! Sehen wir mal nach, was wir sonst noch haben.« Sie nahm die Kerze mit und wühlte wieder im Schrank.

Pit wäre am liebsten aufgestanden, um der Mutter beim Suchen zu helfen, doch es war klüger, noch liegen zu bleiben, damit das Mitleid der Mutter nicht so schnell abklang. Dafür sagte er: »Ich fahre mit nach Fürstenwalde.«

Die Mutter sah es gern, wenn er mitfuhr. Ein blasses Stadtkind an der Hand war nützlich. Erzählungen über Not und Elend bekamen die Bauern genug zu hören, ein Kind war ein Beweis.

»Das ist schön«, antwortete die Mutter nur.

Pit verstand: Sie hatte längst entschieden, dass er mitkam. Sein Opfer war kein Opfer.

Die Mutter überprüfte zwei Kittelschürzen im Kerzenschein. »Schön sind sie nicht mehr, aber vielleicht kann sie wer gebrauchen.«

»Und unsere Brotschneidemaschine?«, fragte Pit. »Wir können doch die Brotschneidemaschine eintauschen.« In der Küche stand noch immer die alte Brotschneidemaschine, die der

Vater der Mutter einmal zu Weihnachten geschenkt hatte. Wozu brauchten sie eine Brotschneidemaschine, wenn sie kein Brot hatten?

»Das ist eine gute Idee.« Die Mutter blieb auf dem Fußboden sitzen und dachte nach. »Die Bauern haben meistens große Familien, so eine Maschine kann der eine oder andere sicher gut gebrauchen. Und wir können unsere paar Scheiben Brot auch mit dem Messer abschneiden.«

Der Gedanke an Brot trieb Pit den Speichel in den Mund. Wenn er jetzt doch nur eine Scheibe bekommen könnte, eine einzige Scheibe!

Die Mutter erriet, was in Pit vorging. Sie stand auf, ging zur Tür und sagte: »Ich geh mal zur Frau Sauer. Vielleicht kann sie uns mit ein paar Scheiben aushelfen.«

Der Frau Sauer ging es nicht schlecht. Sie hatte immer etwas mehr, als sie benötigte; ihre Speisekammer war im ganzen Haus bekannt. In Pit kam Hoffnung auf. Er wartete, bis die Mutter die Wohnung verlassen hatte, sprang von der Couch und lief ins Schlafzimmer. Dort stieg er auf einen Stuhl und schraubte die Glühbirne aus. Vorsichtig trug er sie ins Wohnzimmer, schraubte sie in die leere Fassung der Wohnzimmerlampe und schaltete das Licht ein. Dann setzte er sich ans Fenster.

Auf der Straße war es bereits dunkel. Durch die Ritzen der pappverkleideten Fenster auf der gegenüberliegenden Straßenseite drang schummriges Licht. Wo die Fenster offen standen, konnte er hineinsehen und die Menschen in ihren Zimmern beobachten. Als ihm das zu langweilig wurde, ging er in die Küche, öffnete das Fenster und wollte zur Wohnung der Frau Sauer hinüberschauen. Doch sein Blick wurde abgelenkt.

Auf dem dunklen Hof standen Leute, Frauen und Kinder und auch zwei, drei Männer waren darunter. Einer der Männer sagte gerade: »Sie ist gestürzt.«

Sekundenlang war Pit wie gelähmt, dann sprang er von der Fensterbank und lief aus der Wohnung. Erst als er auf dem Hof angelangt war, blieb er stehen. »Die arme Frau!«, sagte jemand. »Wenn sie auch nicht mehr die Jüngste war …« Ihm wurde schwindlig. Er wollte sich an irgendetwas festhalten, fand nichts und lehnte sich an die Wand, vor der er stand.

Eule kam. »Haste schon gehört?«, fragte er. »Die Frau Sauer ist tot. Sie ist gestürzt und mit dem Hinterkopf an die Tischkante geschlagen. Deine Mutter hatte bei ihr geklingelt und, als sie nicht aufmachte, Dr. Blankenburg alarmiert.«

»Meine Mutter? Wo ist sie denn?«

»Da vorne.«

Pit sah in die Richtung, in die Eule deutete. Tatsächlich, die Mutter, da stand sie und redete mit den Leuten!

»Ist dir wieder besser?«, fragte Eule. Er dachte an Pits Sturz, Pit aber dachte an etwas ganz anderes, als er aufatmend nickte und sagte: »Viel besser!«

Eine freie Stelle

»Wenn ich mir vorstelle, wie oft ich die Sauer geärgert habe!« Karin war in Gedanken noch immer auf dem Hof. »Und jetzt ist sie tot.«

»Wir sterben alle mal«, erwiderte Fred. »Sie war siebzig. Das ist ein schönes Alter.«

Die Mutter hatte etwas anderes im Kopf. »Die Portiersstelle ist ja nun frei«, sagte sie. »Wer die wohl jetzt bekommt?«

»Was bringt so was denn ein?«, Fred schob den leeren Teller von sich fort.

»Freies Wohnen, eine Lebensmittelkarte* und ein paar Mark.«

»Karte 1 für Schwerstarbeiter, was?« Fred blinzelte Eule zu.

»Karte 3 oder 4«, vermutete die Mutter und fügte mit einem Blick auf Fred hinzu: »Immerhin, eine Karte! Für deine Arbeit bekommst du keine, oder?«

»Soll ich etwa den Portier mimen?«, wich Fred aus.

Karin stellte sich vor, wie Fred den Hof fegte, das Treppenhaus wischte und mit dem Handfeger die Kinder durch den Hausflur jagte, und musste lachen.

»Lach nicht so blöd!«, fuhr Fred die Schwester an. Doch Karin lachte nur noch lauter und steckte damit auch den kleinen Dieter an, der von der Mutter schon gefüttert worden war und unter dem Tisch spielte.

»Warum eigentlich nicht?«, fragte die Mutter. »Immerhin würden wir die Miete sparen und einen Zusatzverdienst hätten wir auch.«

»Spinnt ihr denn alle?« Fred wurde rot vor Ärger. »Bevor ich das mache, breche ich lieber irgendwo ein und lass mich erwischen.«

»Kein Mensch erwartet von dir, dass du Portier wirst«, sagte die Mutter. »Das würde das Wohnungsamt auch gar nicht zulassen: ein gesunder junger Mann als Portier! Für Männer

---

* Während des Krieges und in der Nachkriegszeit wurden die Lebensmittel rationiert und nur auf Lebensmittelkarten ausgegeben. Je nach Tätigkeit wurden mehr oder weniger Lebensmittel zugeteilt.

gibt's andere Arbeiten. Wir müssten das als Familie übernehmen, alle müssten mithelfen. Wenn ich mit der Frau Ehrlich vom Wohnungsamt rede, macht sie das.«

»Ehrlich heißen und durch Bestechung reich werden!« Karin mochte die Frau Ehrlich nicht, die sich ihre guten Dienste mit Lebensmitteln bezahlen ließ.

»Wir können aus lauter Edelmut nicht darauf verzichten, unsere Lage zu verbessern«, wies die Mutter Karin zurecht. »Bis Vater wieder zurück ist, müssen wir sehen, wie wir durchkommen.«

»Ist der erst wieder da, geht's uns noch schlechter«, meinte Fred. »Der versäuft, was wir verdienen.«

»Das weißt du nicht«, entgegnete die Mutter leise. »Er wird nicht mehr derselbe sein. So viele Jahre Krieg und Gefangenschaft können ihn verändert haben.«

Karin wurde unruhig. »Ihr redet immer nur darüber, was die Portiersstelle einbringt. Wer die Arbeit macht, sagt ihr nicht. Denkt nur nicht, dass ich das Aschenputtel spiele.«

»Doch!« Die Mutter sah Karin fest an. »Die meiste Arbeit wirst du haben. Bernd und Fred werden dir helfen, und ich ...«

»Schöne Hilfe!«, unterbrach Karin die Mutter. »Willst du mir helfen, wenn du abends halb tot nach Hause kommst? Oder denkst du, die beiden Herren da helfen mir? Und außerdem: Im September geht die Schule wieder los! Was ist denn wichtiger, lernen oder putzen?«

»Wichtig ist beides«, erwiderte die Mutter »Und dass Fred und Bernd dir helfen, dafür sorge ich.«

»Rechnet lieber nicht mit mir«, sagte Fred. »Ich bin doch nicht blöd. Ich hab 'ne Arbeit, die mehr einbringt als Treppenwischen oder Hofausfegen.«

»Das wollen wir erst einmal sehen.« Die Mutter begann die leeren Teller zusammenzustellen.

Karin stand auf und half der Mutter. Sie stellte einen Topf mit Wasser auf den Herd und zündete das Gas an. Als das Wasser kochte, gab sie es in die Schüssel und begann mit dem Abwaschen. »Frau sein ist das Letzte«, sagte sie dabei. »Die Männer machen den Krieg und die Frauen haben den Ärger, müssen die Kinder durchbringen und die Trümmer forträumen. Und all der andere Kram, wie Putzen, Kochen und Abwaschen, bleibt ihnen auch noch.«

»Das war schon immer so«, bestätigte die Mutter »Es sind immer die Frauen, die auslöffeln müssen, was die Männer sich und ihnen mit ihrer verfluchten Politik eingebrockt haben. Wer sollte es denn sonst tun? Die paar Krüppel, die aus dem Krieg heimgekehrt sind?«

Fred kramte eine Zigarette heraus und zündete sie sich an. »Sind wirklich an allem nur die Männer schuld? Macht ihr es euch da nicht ein bisschen zu einfach? Haben die Frauen denn nicht gewusst, was Hitler vorhatte?«

»Wir haben genauso viel oder so wenig gewusst wie die Männer«, gab die Mutter zu. »Aber uns hat niemand gefragt, wir sollten nur Kinder kriegen und brav sein. Jetzt braucht man uns, jetzt werden wir gefragt. Ob das so bleibt, wenn die Männer wieder zurück sind, ist eine andere Geschichte.«

Eine Zeit lang war es still in der Küche. Dann sagte Karin: »Die Wohnung von der Sauer ist ja nun frei. Wer da wohl einzieht?«

»Du und Hansi nicht.« Fred grinste.

»Bestimmt nicht.« Die Mutter dachte an all die Obdachlosen, die eine Wohnung suchten und keine fanden, und sagte:

»Eigentlich geht's uns gar nicht so schlecht. Und wenn wir alle anpacken, geht es uns bald noch besser.«

»Klar!« Fred stieß eine dicke Rauchwolke aus. »Uns geht's prima. Wir haben zu essen und zu trinken und alles kommt aus der gleichen Quelle.« Er deutete auf den Wasserhahn. »Wie im Paradies ist's bei uns.«

Die Mutter betrachtete Freds Zigarette. »Es könnte uns noch besser gehen, wenn der Herr Sohn nicht Sechsmarkzigaretten rauchen würde.«

»Zehn Mark das Stück!«, verbesserte Fred die Mutter. »Sechs, das war einmal.« Er klopfte mit dem Zeigefinger die Asche in den Aschenbecher und fragte: »Was willst du eigentlich? Ich hab die Zigaretten nicht gekauft, hab sie geschenkt bekommen.«

»Du könntest sie weiterverkaufen.«

»Soll ich Kippen sammeln wie der letzte Kriegsinvalide?«

»Du könntest das Rauchen sein lassen«, antwortete die Mutter. »Sich über das Essen beschweren, aber teure Zigaretten rauchen!«

»Menschenskinder!« Fred schlug sich vor die Stirn. »Wozu lebe ich denn? Wenn ich schon nichts zu fressen kriege, will ich wenigstens ab und zu mal eine rauchen.«

Ehe die Mutter diesmal etwas erwidern konnte, sagte Karin: »Die Sauer hat bestimmt noch was in der Wohnung. Wird das nicht schlecht, wenn das keiner übernimmt?«

Es wurde wieder still in der Küche. Der Gedanke, mit hungrigem Magen ins Bett gehen zu müssen, während in der Wohnung der Portiersfrau kostbare Lebensmittel verdarben, war beklemmend.

Die Mutter fand als Erste ihre Sprache wieder: »Na, und

wenn schon! Wir können doch nicht bei ihr einbrechen. Außerdem ist sie noch in der Wohnung. Sie wird ja morgen erst abgeholt.«

»Andere werden nicht so rücksichtsvoll sein.« Fred trat ans Küchenfenster, sah in den dunklen Hof hinab und wies auf die erleuchteten Fenster links und rechts und gegenüber. »Oder glaubt ihr, wir sind die Einzigen, die an die Speisekammer da unten denken?« Er zuckte die Achseln. »Vielleicht ist aber auch gar nichts mehr da, die Kagelmann und der Blankenburg waren ja als Erste in der Wohnung …«

»Wie kannst du so etwas sagen?«, entrüstete sich die Mutter »Die Frau Kagelmann würde lieber verhungern als etwas Unrechtes tun. Und der Dr. Blankenburg hat dich geheilt, als du Keuchhusten hattest. Er hatte dich gern und brachte dir Bonbons mit.«

»Ich werfe es ihnen doch gar nicht vor«, sagte Fred leise. »Es ist ihr gutes Recht, nicht Kohldampf zu schieben, wenn sie vor der gefüllten Speisekammer stehen und genau wissen, dass, wenn nicht sie, eben andere …« Er brach ab und schüttelte den Kopf. »Lebensmittel verderben lassen! In dieser Zeit!«

Karin unterstützte Fred: »Das finde ich auch. Ich mag die Frau Kagelmann, und ich bin sicher, sie hat nichts genommen. Dumm ist es trotzdem: In ihrer Küche verhungern die Mäuse, sie hat heute Abend keinen Krümel für Pit und sich und bei der Sauer setzt der Schimmel an.«

»Ihr redet euch was ein«, widersprach die Mutter. »Die Frau Sauer hatte kein Feinkostgeschäft. Was wird sie in der Speisekammer haben? Ein bisschen Mehl, ein bisschen Zucker, ein Stück Brot, vielleicht ein paar Gläser Eingemachtes.« Sie dachte nach und fragte dann: »Und die Frau Kagelmann hat gar nichts?«

»Keine Puseratze!«, antwortete Karin. »Sie hat es mir selbst erzählt.«

»Warum hat sie mir denn nichts gesagt?«, wunderte sich die Mutter. »Wir haben doch zusammen im Hof gestanden.«

»Na, warum wohl?« Karin räumte das abgetrocknete Geschirr in den Schrank. »Haben wir etwa ein Feinkostgeschäft?«

Die Mutter ging an den Schrank, nahm die Tüte mit dem Rest Mehl heraus und drückte sie Karin in die Hand. »Bring ihr das. Sie hat uns schon so oft geholfen. Es wäre nicht in Ordnung, wenn wir sie jetzt im Stich ließen.«

»Immer nobel, immer großzügig!« Fred drückte seine Zigarette aus.

»Wenn wir uns nicht gegenseitig helfen, wer sollte uns wohl dann helfen?« Die Mutter nahm auch die Tüte mit dem Zucker, ließ den größten Teil in ein Glas rieseln, stellte das Glas in den Küchenschrank zurück, verschloss die Tüte und gab sie Karin. »Sie wird's nicht annehmen wollen, du musst hartnäckig sein.«

»Wenn's sein muss, bin ich aus Granit«, rief Karin und lief schon aus der Wohnung.

Fred warf Eule einen Blick zu und winkte mit dem Kopf. Dann ging er vor Eule durch den Flur ins Schlafzimmer, setzte sich auf eines der Betten, zog Eule neben sich und fragte: »Du und Pit, ihr steckt doch immer mit diesem Ballo zusammen. Was treibt ihr eigentlich den ganzen Tag?«

»Ballo?«

Eule war so überrascht, dass Fred sich für ihn und seine Freunde interessierte, dass er nicht wusste, was er sagen sollte.

»Ja, Ballo!« Fred legte sich der Länge nach aufs Bett. »Es passt mir nicht, dass ihr immer mit diesem Spinner zusammenhockt. Ich kenn ihn von früher, der ist nicht ganz sauber, der kommt auf die verrücktesten Ideen.«

Eule beantwortete Freds Frage nicht, er hatte ja versprochen, nichts zu verraten, aber Fred schien längst vergessen zu haben, dass er ihn etwas gefragt hatte. »Wer gehört denn sonst noch zu euch?«, fragte er weiter.

»Spatz und Schonny.«

»Also seid ihr fünf?« Eule nickte.

»Und Ballo ist euer Chef?«

»Ja.

Fred dachte nach. »Passt bloß auf, dass ihr keinen Mist macht! Diesem Ballo ist alles zuzutrauen.« Er grinste zufrieden, boxte Eule auf den Oberarm und verließ das Zimmer.

Alte Freunde

Ballo stand hinter dem Geräteschuppen und sah zu dem Neubau hinüber. Die Maurer waren schon bis zum dritten Stock gekommen; es sah gefährlich aus, wenn sie über die schwankenden Planken des kaum gesicherten Gerüstes gingen.

Die Mutter trug ihre Männerhose, ein Männerhemd und eine Schirmmütze. Sie stand zwischen zwei Männern, war aber nicht die einzige Frau auf der Baustelle. Mit einer Kelle strich sie eine Schicht Mörtel auf die halbhohe Mauer, legte Steine auf den Mörtel und klopfte sie mit der Kelle fest. Sie arbeitete nicht ganz so schnell wie die beiden Männer neben ihr, aber auch nicht sehr viel langsamer.

Der Mann links von der Mutter war Paule, Mutters Polier. Richtig hieß er Paul Hanisch, auf dem Bau aber wurde er nur Paule gerufen. Und auch die Mutter nannte ihn so.

Ballo wandte keinen Blick von dem Mann neben der Mutter, und als Paule sich neben die Mutter stellte, den Arm um sie legte und etwas sagte, was sie zum Lachen brachte, wurde es ihm siedend heiß. Er hasste Paule, hasste ihn umso mehr, je freundlicher die Mutter zu ihm war und je öfter er sie besuchen kam.

Vor einem halben Jahr, in einer eiskalten Januarnacht, hatten Paules Besuche angefangen. Die Mutter und er waren früh aufgestanden und mit leeren Taschen und Säcken zu den Bahnanlagen an der Landsberger Straße gegangen. Dort waren sie den Bahndamm entlanggelaufen, bis plötzlich zwei Männer mit tief in die Stirn gezogenen Mützen vor ihnen standen. Er hatte sich umdrehen und fortlaufen wollen. Mit ihren Taschen, dazu in der Nähe des Güterbahnhofs, hatte jedem klar sein müssen, was sie zu so früher Stunde hier wollten. Doch die Mutter hatte ihn festgehalten. »Das ist Paule, mein Polier«, hatte sie gesagt und zu den Männern: »Mein Sohn.«

»Die Waggons sind vor einer Stunde gekommen, wir müssen uns beeilen«, hatte Paule sie zur Eile ermahnt. »Wenn der Bahndamm erst voller Leute ist, ist auch bald die Polente da.«

Zu viert waren sie weitergehastet, bis sie den Güterzug erreicht hatten. Die letzten drei Waggons waren voller Kohle. Eilig waren sie hinaufgeklettert und hatten begonnen, ihre Säcke und Taschen mit Briketts zu füllen.

Auf dem Waggon war es noch kälter gewesen. Der Wind fror ihnen die Gesichter rot. Paule hatte ihm gezeigt, wie er sich den Rollkragenpullover über Mund und Nase ziehen sollte, er aber hätte sich lieber die Nase abgefroren, als Paules Rat zu befolgen.

In jener Nacht, in der Paule der Mutter und ihm das erste Mal seit vielen Tagen einen warmen Ofen bescherte, war Paule nicht nach Hause gegangen. Er hatte mit der Mutter neben dem Ofen gesessen und sich mit ihr unterhalten, fast die ganze Nacht lang. Drei Tage später war er wiedergekommen und jetzt hockte er beinahe jeden Abend im Wohnzimmer. Die Leute im Haus grinsten: »Erst ein Nazi, jetzt ein Kommunist.« Paule hatte während der Nazizeit im Gefängnis gesessen, weil er Hitlerwitze erzählt hatte, aber ein »Kommunist« war er nicht; im Gegenteil: Er war einer von denen, die nichts ernst nahmen außer sich selber.

Liebte die Mutter diesen Paule? Oder ließ sie sich nur mit ihm ein, weil sie ihn brauchte? So was gab's ja. Sogar Mädchen, die sich mit den Besatzern einließen, nur um etwas zu essen oder ein paar Strümpfe zu ergattern, gab es.

»Pause!«

Paule klopfte mit seiner Kelle gegen das Gerüst. Vorsichtig zog Ballo sich zurück, bis er von der Baustelle aus nicht mehr zu sehen war. Dann begann er zu laufen.

Wenn er doch nur mit der Mutter reden könnte, wenn sie ihn doch verstehen würde! Aber sie verstand ihn ebenso wenig, wie er sie verstand. Es war, als wäre eine Wand zwischen ihnen, eine unsichtbare, aber undurchdringliche Wand …

Zu Hause angelangt, warf Ballo sich auf seine Couch und vergrub den Kopf im Kissen. Doch bevor er weiter seinen Gedanken nachhängen konnte, klingelte es. Er stand auf, ging durch den Flur, schob das runde Blechstück zur Seite und spähte durchs Guckloch.

Fred Eulenberg? Was wollte der denn von ihm? Ballo wusste nicht, ob er öffnen sollte oder nicht. War Pits Sturz doch nicht so glimpflich abgelaufen? Schickte Pits Mutter den langen Fred?

Fred klingelte noch einmal. Dann klopfte er: »Mach auf! Ich weiß, dass du da bist.«

Ballo löste die Sicherheitskette und öffnete die Tür. »Was willst du denn von mir?«

»Gänsebraten mit Rotkohl und Pudding zum Nachtisch.« Fred betrat den Flur und sah sich um. »So lebt ihr jetzt? Kleiner Abstieg, was?«

Fred war ein paar Mal in der alten Wohnung gewesen. Damals waren sie zehn und zwölf Jahre alt, tauschten Karl-May-Bände und hatten vor, Seeleute zu werden, ferne Länder zu bereisen und gemeinsam Abenteuer zu bestehen. Ihre Freundschaft hatte aber nur anderthalb Monate gedauert. Eines Tages hatte Fred gesagt, das mit den Abenteuern hätte er nicht ernst gemeint, das sei alles nur Quatsch gewesen. Ballo hatte ihm das übel genommen und nicht mehr mit ihm gesprochen. Und Fred hatte wohl gefunden, dass zwei Jahre Altersunterschied eben doch eine ganze Menge waren.

»Und was willst du wirklich?« Ballo schloss die Tür und verschränkte die Arme vor der Brust.

»Nichts.« Fred zog Zigaretten aus der Jackentasche und bot Ballo davon an. »Im Gegenteil, ich bringe dir was.«

Ballo nahm eine Zigarette und ging in sein Zimmer. Fred folgte ihm und studierte die Titel der Bücherrücken in den

Regalen. »Mein lieber Mann! Lauter Nazischwarten! Alles in allem zwanzig Jahre Zuchthaus.«

»Na und? Ich hab keine Angst.«

Fred wollte fragen, ob Ballo die Bücher alle gelesen hatte, verkniff es sich dann aber. Er setzte sich auf die Couch und sagte: »Ich bin gekommen, um dir ein Angebot zu machen.«

»Und?«

»Du hast doch da so ein paar Jungen an der Hand. Das könnte für gewisse Leute interessant sein.«

»Dein Bruder ist auch dabei.« Ballo blickte Fred aufmerksam an. Hatte Eule gequatscht? Wusste Fred über die Organisation Bescheid?

Fred winkte ab. »Der ist uninteressant, den lassen wir am besten aus dem Spiel. Was ich dir vorzuschlagen habe, ist eine Sache unter Männern.«

»Das geht nicht. Eule gehört zu meiner Organisation. Ich mache keine Ausnahmen.«

»Organisation?«, staunte Fred. »Was für eine Organisation denn?«

»Das ist unsere Sache.« Ballo war zufrieden. Eule hatte nicht gequatscht.

»Aber mit meinem Bruder kannste doch nichts anfangen.« Fred hätte Eule gern aus der Sache rausgehalten. Es war ihm unangenehm, ihn in Seilers Vorhaben verwickelt zu wissen. »Der läuft doch gegen jeden Baum, so blind ist der.«

»Das musste schon mir überlassen.«

»Na schön! Von mir aus … Wenn du unbedingt 'ne Pleite erleben willst!« Fred gab nach. »Du musst mir aber versprechen, keinem der Jungen zu verraten, dass ich hinter der Sache stecke.«

»Du?«, fragte Ballo spöttisch. »Du allein?«

»Natürlich nicht ich allein!«

»Und wer steckt noch dahinter?«

»Der Chef.«

»Welcher Chef?«

»Das ist nun wiederum meine Sache.« Fred freute sich, dass er es Ballo mit gleicher Münze heimzahlen konnte. »Du verhandelst mit mir, ich bin der Vermittler. Wenn dir das nicht passt, vergiss das Ganze.«

»Und was sollen wir tun?«

»Am Freitagabend zu einer bestimmten Zeit an vier bestimmten Ecken stehen und die Augen offen halten.«

»Wir sollen Schmiere stehen?«

»Kapiert!«

»Und was für ein Ding dreht ihr, du und dein Chef?«

»Das erfährst du, wenn es Zeit dafür ist.« Fred stand auf. »Erst einmal muss ich wissen, ob ihr überhaupt mitmacht.«

»Wenn ich nicht weiß, worum es geht, kann ich nicht ja sagen.«

»Du erfährst es ja! Kurz vorher. Dann könnt ihr immer noch einen Rückzieher machen.«

Fred hatte Recht, nein sagen konnte er immer noch. »Was zahlt dein Chef denn überhaupt?«

»Fünfzig Mark pro Mann«, antwortete Fred. »Der Termin ist Freitagabend. Den genauen Zeitpunkt und die Stelle, wo wir uns treffen, erfährst du Freitag früh.«

»Fünfmal fünfzig macht zweihundertfünfzig«, rechnete Ballo Fred vor. »Das sind sicher nicht mal fünf Prozent.«

»Wieso fünfmal fünfzig? Wir brauchen nur vier Jungen; vier, die laut pfeifen können.«

»Wir sind aber fünf.«

»Dann bleibt eben einer zu Hause.«

»Entweder alle oder keiner.«

»Aber vielleicht kann einer nicht?« Fred wurde ungeduldig.

»Meine Leute können immer.«

»Hör zu!« Fred legte Ballo die Hand auf die Schulter. »Lass meinen Bruder aus der Sache raus und ihr seid vier.«

Ballo blieb fest: »Alle oder keiner! Wenn dir das nicht passt, brauchste gar nicht erst wiederzukommen.«

Fred ging zur Tür, drehte sich aber noch einmal um. »Und wann erfahre ich, ob ihr mitmacht?«

»Du hast meine vorläufige Zusage. Endgültig entscheide ich, wenn ich weiß, worum es sich handelt.«

»Musst du denn dazu nicht erst die anderen fragen?«

Ballo grinste: »Wozu haben wir einen Führer?«

»Und der bist wohl du?«

»Genau.«

Fred überlegte einen Moment, dann zuckte er die Achseln und ging.

Ein Auftrag

Ballo und Schonny hoben das Blech auf und trugen es beiseite. Spatz, Eule und Pit sahen zu. Sie hatten keine Lust, in Ballos Hauptquartier hinabzusteigen, aber sie sagten nichts. Sie folgten Ballo und Schonny durch den Tunnel und standen schließlich wieder in dem Flur mit den vielen Türen. »Hat sich was verändert?«, fragte Spatz.

»Was soll sich denn verändert haben?« Ballo schüttelte den Kopf. »Ich hab euch doch gesagt, das hier findet keiner. Die meisten wissen ja nicht einmal, dass es existiert hat.« Er führte die Jungen in den großen Raum mit den Ledersesseln, zündete eine Kerze an und setzte sich.

Auch die Jungen setzten sich. Doch sie lehnten sich nicht zurück. Es war ein sehr heißer Tag und sie trugen nur Turnhosen; ihre Haut hatte sich noch nicht wieder abgekühlt, das glatte, kühle Leder der Sessel war unangenehm.

Ballo holte aus einem der Schränke ein Buch. »Auf die Mutprobe verzichte ich«, erklärte er, »aber einen Eid müsst ihr ablegen.« Er hielt das Buch über den Tisch mit der Kerze und verlangte: »Steht auf und legt die rechte Hand auf das Buch, die linke erhebt zum Schwur.«

Der düstere Raum, das Bewusstsein, tief unter den Trümmern zu stecken, dazu Ballos feierliches Getue – den Jungen war komisch zumute.

»Was sollen wir denn schwören?«, fragte Pit. Er kannte das Buch, das Ballo in der Hand hielt. Es hieß *Mein Kampf* und war von Adolf Hitler. Früher soll es in jedem Bücherschrank gestanden haben, jetzt war es verboten.

»Das wirst du gleich hören.« Ballo zog einen Zettel aus der Tasche und las vor: »Wir geloben ... Los, nachsprechen!«

»Wir geloben ...«

»... dem deutschen Vaterland ...«

»... dem deutschen Vaterland ...«

»... und unserem gewählten Führer ...«

»... und unserem gewählten Führer ...«

»... die Treue zu halten.«

»... die Treue zu halten.«

Spatz ließ die Hand sinken.

»Ich bin noch nicht fertig!«

Still legte Spatz die Hand zurück.

»Wir geloben ...«, fuhr Ballo fort.

»Wir geloben ...«

»... nicht eher zu ruhen ...«

»... nicht eher zu ruhen ...«

»... bis der letzte ausländische Besatzungssoldat ...«

»... bis der letzte ausländische Besatzungssoldat ...«

»... deutschen Boden verlassen hat.«

»... deutschen Boden verlassen hat.«

Als die Jungen sich wieder gesetzt hatten, sagten sie kein Wort, schweigend guckten sie in die Flamme der Kerze.

»So ein Schwur ist kein Spaß«, sagte Ballo schließlich. »Wäret ihr Männer, stünde auf den Bruch des Schwures der Tod.«

Pit guckte ungläubig. »Man kann sich doch mal irren. Das ist doch nicht in Ordnung, wenn man dann gleich ...«

»Ein Schwur ist ein Schwur«, entgegnete Ballo. »Da gibt es keinen Irrtum. Wenn einer Angst vor etwas hat, hat er die zu vergessen, wenn er den Befehl dazu erhält. Ich muss mich auf jeden Einzelnen von euch hundertprozentig verlassen können.«

Jetzt sah auch Spatz auf. Angst war Angst, die konnte man doch nicht einfach vergessen ...

Ballo stopfte sich seine Pfeife und zündete sie mit der Kerze an. »Den ersten Auftrag haben wir schon«, verkündete er.

»Von wem?«

»Vom Chef.«

»Was für ein Chef?«

Ballo zuckte die Achseln. »Ich hab mit einem seiner Leute verhandelt.«

Spatz starrte das Buch an, das auf dem Tisch lag. »Hitler?«, fragte er leise. Die Mutter sagte, Hitler wäre vielleicht noch gar nicht tot, sondern hielte sich nur versteckt, um seine Leute zu sammeln.

»Quatsch!« Pit tippte sich an die Stirn. »Der ist doch tot. Der hat sich selbst umgebracht.«

»Woher weißt 'n das?« Ballo kniff die Augen zusammen.

Pit antwortete nicht. Vor dem Namen Hitler hatte er Angst. Bis vor zwei Jahren war in der Schule erzählt worden, Adolf Hitler sei von der Vorsehung dazu auserwählt worden, das deutsche Volk über die anderen Völker zu erheben, er sei ein großer Feldherr und kluger Politiker. Er aber hatte den Mann mit dem kleinen Schnurrbart und dem stechenden Blick, den er so oft in der Wochenschau sah, trotzdem nicht gemocht. Und er hatte auch nicht geglaubt, dass dieser Mann Kinder liebte, wie es im Schulbuch stand. Als dann der Krieg zu Ende war, hatte die Mutter gesagt, Hitler und die, die ihm so lange Zeit gefolgt waren, hätten die vielen Toten des Krieges auf dem Gewissen …

»Vielleicht ist es auch Bormann«, vermutete Schonny.

Bormann? Hitlers Sekretär?

Von Bormann wurde viel geredet, es hieß, er sei den Russen in letzter Minute entkommen. Mal sollte er in Südamerika, mal in Australien, mal in Afrika gesehen worden sein. Es gab Leute, denen gefiel das Spiel. Sie sagten: »Der Bormann ist schlauer als alle Russen und Amis zusammen.« Andere aber sagten: »Der ist tot. Eine von den vielen Leichen, die überall begraben liegen.«

»Habt ihr schon mal was vom Werwolf gehört?«, fragte Ballo.

Die Jungen nickten. Natürlich hatten sie davon gehört. Als der Krieg in seinen letzten Zügen lag, hatten die Nazis die Parole ausgegeben, sich nicht geschlagen zu geben, sondern sich zu verstecken und im Rücken des Feindes weiterzukämpfen. Aktion Werwolf hatten sie das genannt. Und wenn seitdem irgendwo irgendwas passierte, was den Besatzern Schwierigkeiten machte, hieß es: »Das waren die Werwölfe.«

»Na also!«, sagte Ballo. »Den Rest dürft ihr euch denken.«

Der Schwur! Was sie geschworen hatten, war nichts anderes als das, womit die Werwölfe beauftragt worden waren. Gehörten sie jetzt dazu? Den Jungen wurde es immer ungemütlicher zumute.

»Und was ist das für ein Auftrag?«, wollte Pit schließlich wissen.

»Das erfahren wir am Freitag.« Ballo klopfte seine Pfeife aus. »Das Unternehmen ist geheim. Bisher weiß ich nur, dass wir am Freitagabend zur Verfügung stehen müssen. Freitagnachmittag weiß ich mehr. Dann kommt ihr zu mir, und ich sage euch, um was es geht.«

Das Lügen fiel Ballo schwer. Dass Fred und sein Chef nicht zu den Werwölfen gehörten, sondern irgendein krummes Ding vorhatten, war klar. Die Jungen aber sollten ruhig glauben, er hätte jetzt schon solche Verbindungen. Eines Tages würde er sie ja haben. Die Sache mit Fred war eine Probe, er würde sehen, ob er sich auf sie verlassen konnte. Außerdem: Eine Organisation braucht Geld, und Fred bot ihnen die Möglichkeit, sich ein paar Mark zu verdienen. Was wollten sie mehr?

Leben und leben lassen

Fred betrat *Dorchens Restaurant* und hielt durch die dichten Rauchschwaden hindurch nach Anton Seiler Ausschau. Sie hatten sich für neun Uhr verabredet, es war aber noch nicht einmal acht, deshalb wusste er nicht, ob Seiler schon da war.

Das Lokal war voll besetzt, überall saßen Männer und Frauen, die rauchten, tranken und redeten. Die Männer hatten Mützen oder Hüte auf dem Kopf, die Frauen waren geschminkt und erinnerten an Karins Schauspielerinnen.

Am letzten Tisch, in der Ecke zwischen Fenster und Garderobenständer, saß Anton Seiler. Er war nicht allein, ein Mann und die Frau, die Fred bereits kannte, saßen mit am Tisch. Fred gab der Frau ein Zeichen, doch sie bemerkte ihn nicht. Sie trank Bier, rauchte und starrte Löcher in die Luft. Seiler sprach auf sein Gegenüber ein. Auf seiner Glatze schimmerte Schweiß.

Fred machte eine neue, deutlichere Gebärde. Einfach an den Tisch zu gehen, wagte er nicht. Endlich hob die Frau den Blick und flüsterte Seiler etwas zu. Unwillig wandte Seiler sich um, dann aber stand er auf und kam auf Fred zu. »Was kommst du so früh?«, fuhr er ihn an.

»Ich dachte ...« Fred fand nicht gleich die richtigen Worte. Er war ja nur deshalb so früh gekommen, weil er nicht wusste, was er sonst tun sollte. Schließlich sagte er: »Ich habe die Leute.«

»Schnauze!« Seiler sah sich um, fuhr in die Tasche und drückte Fred Geld in die Hand. »Geh an die Theke, trink was. Ich komme gleich.«

Ohne das Geld in seiner Hand anzusehen, ging Fred den

Weg, den er gekommen war, zurück. An der Theke drängelte er sich zwischen zwei Männer und bestellte bei der am Zapfhahn stehenden Wirtin ein Bier.

Es dauerte nicht lange, dann kam Seiler. »Hast du schon was gegessen?«, fragte er.

Fred schüttelte den Kopf.

»Das solltest du aber.« Seiler winkte Dorchen. »Bring uns mal jedem zwei Spezielle. Wer trinkt, muss essen, sonst geht er kaputt.«

Fred wollte sagen, dass sie zu Hause nicht genug Geld hatten, um regelmäßig essen zu können, aber Seiler unterbrach ihn: »Rede jetzt nicht vom Geld, Junge! Leben und leben lassen ist meine Devise.« Er senkte die Stimme. »Und kein Wort vom Geschäft! Darüber reden wir später.«

Dorchen brachte die Speziellen. Es waren Bockwürste, dicke, heiße Bockwürste mit Brot und Senf. Die Männer an der Theke verfolgten die beiden Teller mit ihren Blicken. »Und alles ohne Marken!«, spottete einer.

»Sondermarken«, grinste Seiler. »Spezielle gibt's nur auf Sondermarken.«

Wie lange hatte er schon keine Bockwurst mehr gegessen! Fred biss in die erste Wurst, spürte den Geschmack auf der Zunge und konnte sich nicht beherrschen. Er aß und schlang, bis Seiler ihm die Hand auf den Arm legte. »Langsam, Junge! Sonst sind sie bald wieder draußen.« Er lachte gut gelaunt und bestellte bei Dorchen zwei Bier und zwei Klare.

Fred hatte keinen Durst mehr, doch als Dorchen das Bestellte brachte und Seiler ihm eines der Schnapsgläser reichte und zuprostete, trank er mit.

Seiler nahm sein Bier, bedeutete Fred, ebenfalls das Glas in

die Hand zu nehmen, und verließ mit ihm das Lokal. Vor der Tür blieb er stehen und fragte: »Wie viele Jungen hast du?«
»Fünf.«
»Fünf? Wir brauchen nur vier.«
»Sie machen es nur gemeinsam oder gar nicht.«
Anton Seiler überlegte. »Gar nicht schlecht. Wie alt?«
»Der Älteste ist fünfzehn, die anderen sind dreizehn.« Dass nur Eule dreizehn, Pit, Spatz und Schonny aber erst zwölf Jahre alt waren, verschwieg Fred lieber.
»Bisschen jung, oder?« Auf Seilers Stirn bildete sich eine steile Falte.
»Ältere arbeiten nicht für fünfzig Mark«, antwortete Fred.
»Da hast du Recht«, gab Seiler zu. »Außerdem: Je älter die Burschen sind, umso mehr Fragen stellen sie.«
Fred wurde unsicher. Er würde ja nun auch fragen müssen. Er trank von seinem Bier und sagte dann: »Morgen früh muss ich den Jungen sagen, was wir vorhaben.«
»Du musst gar nichts«, erwiderte Seiler, »du sagst den Jungen, wo und wann du sie erwartest, und mehr nicht.«
»Und wo erwarte ich sie?«
Seiler überzeugte sich, dass ihnen niemand zuhörte. »Auf dem Platz vor dem Städtischen Krankenhaus. Es geht um Medikamente, verstehst du?«
Fred verstand nicht.
»Wir steigen in ein Krankenhaus ein«, erklärte Seiler. »Im Keller ist ein Lager mit Medikamenten. Ich beliefere mit der Ware Privatärzte. Die bekommen doch nichts, die zahlen die tollsten Preise.«
Seiler wollte in das Städtische Krankenhaus einbrechen? In das Krankenhaus, in dem er, Fred, gelegen hatte, als er

Scharlach hatte? Fred blickte den Mann neben sich verwirrt an. Seiler verstand ihn falsch. »Uns kann überhaupt nichts passieren«, sagte er. »Die Polizei hat anderes zu tun, als Krankenhäuser zu bewachen. Und falls sich doch irgendein Wachtmeister in diese Gegend verläuft, haben wir die Jungen, die uns warnen.«

»Aber die werden doch einen Wächter haben?«

»Na klar haben sie den!« Seiler lachte. »Was meinst du denn, wer mir den Tipp gegeben hat?«

Fred suchte nach einem neuen Argument, aber ihm fiel nichts ein. Es war bekannt, dass die Krankenhäuser ständig überfüllt waren und die Kranken nur unzureichend versorgt werden konnten, weil es an Ärzten und Schwestern, vor allem aber auch an Medikamenten und Instrumenten mangelte. Und jetzt plante Seiler, ihnen auch noch die letzten Medikamente zu stehlen? »Und die Kranken in den Krankenhäusern?«, fragte er schließlich. »Die brauchen doch die Medikamente.«

»Meinst du, die in den Wartezimmern der Ärzte brauchen keine?«, fragte Seiler zurück. »Willst du entscheiden, wer sie dringender benötigt?« Er wurde ernst. »Du kannst dir deine Bedenken sparen: Die Krankenhäuser erhalten neue Ware, die Privatärzte nicht. Wir verteilen ein bisschen um, mehr nicht. Die Ärzte verdienen daran und wir auch. Selbst Jesus könnte an diesem Geschäft nichts auszusetzen haben.«

Wenn die Medikamente so knapp waren, wie Seiler sagte und wie es auch allgemein bekannt war, dann konnten die Krankenhäuser die gestohlene Ware nicht innerhalb kurzer Zeit ersetzt bekommen. »Da mache ich nicht mit«, sagte Fred leise. »Da machen auch die Jungen nicht mit.«

Seiler nahm Fred das Glas mit dem Bier aus der Hand,

schüttete es aus und gab ihm das leere Glas zurück. »Du hast zu viel getrunken, sonst wüsstest du, dass du gar nicht mehr zurückkannst. Wovon willst du mir denn den Vorschuss zurückzahlen? Die Fleischdose, das Mehl, den Zucker, die Schokolade, die Zigaretten?«

Der Vorschuss! An den hatte er überhaupt nicht mehr gedacht. Er konnte den Vorschuss nicht zurückzahlen, allein die Zigaretten kosteten mehr, als die Mutter in einem Monat verdiente …

»Du denkst an andere«, fuhr Seiler fort, »denken die aber auch an dich? Und überhaupt, hast du den Krieg gemacht? Bist du schuld daran, dass es den Leuten dreckig geht?« Er trank sein Glas leer und bestimmte dann: »Morgen früh erklärst du den Jungen, dass sie sich um zehn Uhr abends auf dem Platz vor dem Städtischen Krankenhaus einzufinden haben. Dem ältesten von ihnen zeigst du, wo er seine Leute aufstellen soll. Er muss sie ständig kontrollieren. Ist einer weg, muss er dessen Platz einnehmen; ich zahle ihm dafür das Doppelte.« Er machte eine Pause und fügte hinzu: »Mich bekommen die Jungen auch weiterhin nicht zu sehen. Und auch du redest nur mit dem Ältesten. Morgen Abend um neun kommst du zu mir, damit ich dir vorher noch einmal alles genau erklären kann. Hast du alles verstanden?«

»Ja.«

»Und du wirst alles so ausführen?«

»Ja.«

»Na also.« Seiler nickte zufrieden. »Ich wusste ja, dass du vernünftig bist.«

Briefe an Uli

Die Mutter hatte die Stehlampe neben den Wohnzimmertisch gerückt und schrieb im Schein der nicht sehr starken Glühbirne an Uli. Sie schrieb eine Seite nach der anderen voll, unterbrach sich aber häufig, um sich die Brille auf die Stirn zu schieben und sich die Augenwinkel zu wischen. Pit saß im Halbdunkel und beobachtete die Mutter. Wenn sie fertig war, musste er ein paar Zeilen schreiben; das verlangte sie jedes Mal von ihm.

Die Mutter war fertig. Sie richtete sich auf und faltete die beschriebenen Seiten so, dass sie in einen Briefumschlag passten. Danach überließ sie Pit ihren Platz, gab ihm einen leeren Bogen Papier und bat: »Schreib ihm was Schönes. Er soll wissen, dass wir ihn nicht vergessen haben.«

»Lieber Uli«, begann Pit, dann stockte er. Es war gar nicht so einfach, dem Bruder zu schreiben. Uli war nun schon über zwei Jahre lang fort, es gab kaum noch Gemeinsames, an das er sich erinnerte und worüber er noch nicht geschrieben hatte. Sicher interessierte es Uli nicht, dass nun bald die Schule wieder losging oder dass sie diesen Sommer besonders schönes Wetter hatten.

Ob Uli noch an das Floß dachte? Im Sommer vor drei Jahren waren die Mutter, Uli und er an den Störitzsee gefahren. Sie waren hinausgeschwommen und hatten sich mit Wasser bespritzt. Uli hatte schon gewusst, dass er nun bald Soldat sein würde. Als sie zu dritt in der Sonne lagen, um sich auszuruhen und die nasse Haut trocknen zu lassen, war er auf einmal ganz still geworden. Und dann hatte er den Arm um ihn gelegt und ihn an sich gezogen. »Wenn ich aus dem Krieg zurück bin, bauen wir ein Floß«, hatte er gesagt. »Ein richtiges Floß mit einem Segel. Dann paddeln und segeln wir rund um den See und spielen Piraten. Einverstanden?«

Natürlich war er einverstanden gewesen und Uli hatte ihm die Hand darauf gegeben und »Abgemacht!« gesagt.

Pit erinnerte den Bruder an das Versprechen und er fügte hinzu: »Dieser Sommer ist ja nun bald vorbei, aber vielleicht haben wir Glück und es klappt nächstes Jahr.«

Die Mutter nahm den Brief und las ihn. Dann faltete sie ihn und lächelte traurig. »Ein schöner Brief! Uli wird sich freuen.«

»Darf ich deinen Brief auch lesen?«, fragte Pit.

Die Mutter wurde verlegen. »Lieber nicht! Es ist ein Brief unter Erwachsenen, das verstehst du noch nicht.«

Pit verstand sehr gut: Die Mutter hatte sich bei Uli über ihn beschwert. Es war nicht das erste Mal. Einmal hatte er einen Brief gefunden, den die Mutter noch nicht abgeschickt hatte, darin hatte gestanden, sie werde mit ihm nicht fertig, er würde stehlen und lügen und eine feste Hand benötigen. Erst war er betroffen gewesen, dann war ihm der Brief komisch vorgekommen. Er hatte ihn noch einmal gelesen und noch einmal über den Inhalt nachgedacht, bis er darauf gekommen war: Der Brief war nicht nur für Uli bestimmt, sondern auch an die gerichtet, die Uli gefangen hielten und von denen die Mutter annahm, dass sie die Briefe der Gefangenen kontrollierten. Immer wieder hatte sie betont, wie alt sie sei und wie schlimm es wäre, den einen Sohn so weit fort und den anderen schlechten Einflüssen überlassen zu wissen. Sie hatte nicht nur übertrieben, sie hatte sogar gelogen. Und alles in der Hoffnung, Ulis Bewacher würden ihn aus Mitleid früher freilassen. Ob sie wirklich glaubte, dass ihre Briefe etwas ausrichteten? Noch über achthunderttausend Kriegsgefangene sollten in Russland sein, sicher bekamen viele solche Briefe.

Die Mutter steckte auch Pits Brief in den Umschlag und klebte ihn zu. Danach zog sie sich die Schuhe an, um den Brief gleich zum Postkasten zu tragen. Bevor sie ging, sagte sie dann wieder, was sie immer sagte, wenn sie an Uli dachte: »Hoffentlich ist ihm nichts passiert. Er hat schon so lange nicht mehr geschrieben.«

»Uli ist bestimmt nichts passiert«, wollte Pit die Mutter beruhigen, aber auch er hatte das nun schon so oft gesagt, dass die Worte abgenutzt und gleichgültig klangen. Die Mutter bemerkte das, still ging sie zur Tür, drehte sich aber noch einmal um. »Wasch dich inzwischen. Du weißt ja, morgen müssen wir früh raus.«

Pit legte die Arme auf den Tisch und den Kopf obendrauf. Er dachte an Ballo und an das, was Ballo sagen würde, wenn er am nächsten Tag nicht bei ihm erschien, um die Einzelheiten über den Auftrag zu erfahren. Aber dann wischte er diese Gedanken fort: Fürstenwalde war wichtiger. Sie brauchten unbedingt wieder ein paar Kartoffeln und etwas Mehl. Eule konnte ihm ja am Abend sagen, was Ballo erfahren hatte und worum es bei diesem geheimnisvollen Auftrag ging. Ein ungutes Gefühl hatte er sowieso dabei.

Wer zuerst kommt ...

Die Mutter weckte Pit, als es vor dem Fenster noch ganz grau war. Er drehte sich auf den Bauch und schloss noch einmal die Augen. Er war so müde, er konnte sich nicht vorstellen, jetzt aufstehen zu müssen. Aber dann sagte die Mutter: »Du brauchst nicht mitkommen, wenn du nicht willst.« Das half. Er setzte sich auf die Bettkante und schüttelte den Schlaf von sich ab. Dann trat er ans Fenster und sah hinaus.

Die Straße lag da, als sei sie unbewohnt, die meisten Fenster waren noch geschlossen.

»Beeil dich! Der Zug wartet nicht«, rief die Mutter aus der Küche. Sie rührte eine Hand voll Haferflocken in Trockenmilch mit Wasser ein.

»Ich mach ja schon!« Pit ging ins Bad und wusch sich. Danach zog er sich an und frühstückte. Die Haferflocken schmeckten nicht, aber er hatte nun schon seit Tagen einen solchen Hunger, dass es ihm egal war, was er aß.

Nach dem Frühstück zog Pit Ulis alte Trainingsjacke über. Sie war ihm zu weit und er würde sicher unter ihr ins Schwitzen kommen an einem so warmen Tag, aber sie war nützlich. Sie besaß einen Gummibund, und man konnte viel in sie hineintun, ohne dass sie spannte oder das Gehamsterte unten herausfiel.

Auch die Mutter trug ihre Hamsterausrüstung: die unten zuknöpfbare und ebenfalls sehr weite Skihose, die einmal dem Vater gehört hatte, eine alte Jacke und dazu ein Kopftuch. Das Kopftuch würde zu warm sein, aber es gehörte dazu; es machte die Mutter seltsam jung und unternehmungslustig, obwohl sie es gar nicht war.

Den Rucksack mit der Brotschneidemaschine und den Kittelschürzen trug zuerst die Mutter. »Hoffentlich bringen wir das Zeug nicht wieder zurück«, sagte sie, als sie die Tür verschloss. »Ich hab kein besonders gutes Gefühl heute.«

Die Mutter hatte nie ein besonders gutes Gefühl, wenn sie

hamstern fuhr. Pit erging es nicht anders. Still ging er neben ihr durch die morgendlich stillen Straßen, in denen nun schon die ersten Leute zu sehen waren. Die meisten waren ebenfalls auf dem Weg zum Bahnhof.

Der S-Bahnhof war nicht so leer wie die Straßen. Da standen sie bereits, all die Männer und Frauen, die ähnlich gekleidet und mit der gleichen bangen Hoffnung im Herzen auf den ersten Zug nach Erkner warteten. Und genau wie Pit und seine Mutter machten sie keine freundlichen Gesichter, sondern sahen mit gemischten Gefühlen zu, wie der Bahnsteig sich immer mehr füllte.

Als der S-Bahn-Zug dann endlich angekündigt wurde, war der Bahnsteig schwarz von Menschen. Bis dicht an die Bahnsteigkante heran standen sie. Das »Bitte von der Bahnsteigkante zurücktreten!«, das der Stationsvorsteher mehrfach über den Lautsprecher erschallen ließ, rührte sie nicht. Wer hamstern fuhr, wusste: Wer zuerst kommt, mahlt zuerst. Das galt nicht nur für die Züge, das galt während der ganzen Tour und überall.

Pit drängelte sich so weit nach vorn vor, bis er den langsam in den Bahnhof einrollenden S-Bahn-Zug sehen konnte. Die Mutter hielt ihn ängstlich fest.

Die Stimme im Lautsprecher wurde dringlicher: »Vorsicht an der Bahnsteigkante! Vorsicht an der Bahnsteigkante!« Die Leute hinten aber wollten nach vorn und drückten, bis die vorderen protestierten und sich den hinteren entgegenstemmten. Als der Zug dann in den Bahnhof einfuhr, wurde ein enttäuschtes Gemurmel laut: Er war bereits voll, hinter den Scheiben der Abteilfenster standen dicht gedrängt Menschen und sahen entsetzt hinaus.

Die Mutter packte Pits Schulter noch fester. »Da haben wir uns einen schlechten Tag ausgesucht«, seufzte sie, obwohl sie wusste, dass es an den anderen Tagen auch nicht besser war.

Pit behielt die Türen der S-Bahn-Waggons im Auge. Wenn sie Pech hatten und genau zwischen zwei Türen standen, kamen sie bei dem Gedränge sicher nicht mit. Doch sie hatten Glück und erwischten eine Tür.

Pit übersah die abweisenden Gesichter im Inneren des Waggons. Er öffnete die Tür und ließ sich von der Mutter und den anderen Wartenden in die Menschenleiber hinter der Tür hineindrücken. Dabei wurde er mit dem Gesicht an die graugrüne Uniformjacke eines hageren Mannes gepresst.

»Macht mal hinten die Tür auf«, rief ein junger Mann, »dann haben wir Durchzug.« Aber niemand lachte, alle versuchten verbissen, sich der andrängenden Menschenmenge zu erwehren.

»Ich bekomme keine Luft mehr«, schrie eine Frau voller Angst.

»Sehen Sie denn nicht, dass der Zug voll ist?«, schimpfte eine Männerstimme von ganz weit drinnen den vom Bahnsteig aus Nachdrängenden zu. Doch die drängten weiter. »Wir haben auch Hunger«, riefen sie zurück. »Wir wollen auch nicht verrecken.«

Die Jacke des Mannes, an den Pit gepresst wurde, roch nach Tabak, Staub und Schweiß. Und der Mann war so dünn, dass Pit seine Beckenknochen spürte. Er dachte daran, dass er nun eine Stunde lang so stehen musste, und es wurde ihm flau im Bauch. Wenn ich jetzt brechen muss, kotze ich dem Mann die Haferflocken direkt auf die Jacke, dachte er, versuchte zu vergessen, wie ihm zumute war, und sah sich nach der Mutter um.

Doch die Mutter war abgedrängt worden und nicht mehr zu sehen.

Ruckartig fuhr der Zug an. Die bis zum Schluss drängenden Menschen auf dem Bahnsteig blieben mit enttäuschten Gesichtern zurück. Die Frauen und Männer um Pit wurden ein bisschen durchgeschüttelt und hatten danach das Gefühl, nicht mehr ganz so beengt zu stehen. »Na also!«, sagte der Hagere und lächelte Pit zu, als wollte er ihn aufmuntern. Aber schon auf der nächsten Station stiegen weitere Fahrgäste zu, es wurde wieder enger. »Hier steht ein Kind«, rief der Hagere und erntete damit die spöttische Antwort: »Bei mir zu Hause hocken drei.«

Die Fahrt zog sich hin. Stieg einer aus, der nicht bis Erkner wollte, drängelten sich drei Neue dafür herein. Die Männer und Frauen im Zug sagten nichts mehr, dachten nur noch an den anstrengenden Tag, der vor ihnen lag und von dem sie nicht wussten, ob sich die Strapazen lohnen würden.

Dann war Erkner erreicht. Ein vorsichtiges Aufatmen ging durch die dichten Reihen. Aber als der Zug hielt, war die Erleichterung vergessen. Alles stürzte auf den Bahnsteig hinaus, um schnell auf den Fernbahnsteig hinüberzugelangen. Der aber war schon voller Menschen, die mit anderen Verkehrsmitteln hierher gelangt waren.

Pit und die Mutter suchten sich einen Platz zwischen den Reisenden und warteten auf den Zug nach Fürstenwalde, der jeden Moment kommen musste. Doch der Zug kam nicht. Als die S-Bahn, die den größten Teil der Wartenden gebracht hatte, wieder abfuhr, war die Lokomotive des Fernzuges immer noch nicht zu sehen.

Die Mutter war besorgt. »Ich hätte dich vielleicht doch lieber nicht mitnehmen sollen«, sagte sie zu Pit. »Das wird schlimm, wenn der Zug kommt.«

Pit sah die Menschenreihen entlang, die alle in die gleiche Richtung blickten: die Richtung, aus der der Zug kommen musste. Je länger die Leute warten mussten, desto heftiger würden sie drängeln, wenn der Zug endlich da war, das wusste er. Um mit dem einzigen Fernzug mitzukommen, der an diesem Tag in jene Richtung fuhr, würden die jetzt noch so friedlich dastehenden jungen und alten Frauen, Burschen und Männer zu einer unberechenbaren Meute werden, sie würden treten und boxen, und es würde ihnen ganz egal sein, wen oder was sie trafen. Er hatte das schon oft miterlebt und es machte ihm Angst.

»Achtung, Achtung!«, ertönte es aus dem Lautsprecher. »Der Zug in Richtung Fürstenwalde hat zwanzig Minuten Verspätung.«

Zwanzig Minuten? Die Leute auf dem Bahnsteig wurden unruhig, die zwanzig Minuten waren ja längst vorüber. »Da hat einer die Gleise geklaut«, vermutete eine Frau ärgerlich und ein Mann mit Schiebermütze spuckte aus: »Das muss kein Witz sein, Gnädigste! Die Russen haben schon ganze Brücken demontiert[*], warum sollen sie nicht auch Schienen klauen?«

Doch dann kam der Zug, die Rauchfahne der Lokomotive zeigte es an. »Wenn du nicht reinkommst, fahr zurück«, mahnte die Mutter Pit. »Auf keinen Fall fahr auf dem Trittbrett oder dem Dach mit.«

Pit trat einige Schritte zurück. Er brauchte einen Anlauf, um in den Zug zu gelangen.

---

[*] Vgl. Nachwort.

Der Zug war noch nicht ganz zum Stehen gekommen, da liefen die ersten Burschen und Mädchen schon neben ihm her, sprangen auf die Trittbretter, öffneten die Türen oder krochen durch die offenen Fenster. Wer sie zurückhalten wollte, wurde fortgestoßen.

Pit ballte die Fäuste und wartete. Erst als der Zug richtig stand und sich vor den Türen Menschentrauben gebildet hatten, lief er auf die nächste Tür zu, sprang einem Mann, der am Rande der Traube nach vorn drängelte, auf den Rücken, packte mit beiden Händen die Türholme und zog sich über die Schultern des Mannes und die Köpfe der Einsteigenden hinweg ins Abteil hinein.

»So ein frecher Kerl!«, schimpften die überraschten Frauen. Der Mann, den Pit als Leiter benutzt hatte, aber lachte: »Der ist nicht aus Dummsdorf, der Bengel!«

Es war schwierig, in dem engen Abteil vorwärts zu kommen. Sitzplätze oder einigermaßen bequeme Stehplätze waren nicht mehr frei. Das hatte Pit auch nicht erhofft. Er richtete sein Augenmerk auf die Gepäcknetze, in denen sich kein Gepäck befand, sondern in denen Jungen oder Mädchen lagen – und hatte Glück: Ein Gepäcknetz war noch frei. Er zog sich an den Halterungen des Netzes hoch und schob sich vorwärts, bis er der Länge nach im Gepäcknetz lag. Dann drehte er den Kopf zum Fenster und spähte auf den Bahnsteig hinaus.

Der Bahnsteig war noch immer voller Menschen, die versuchten, in die Abteile zu gelangen. Vor dem Fenster des Abteils, in das Pit sich hineingekämpft hatte, war es besonders schlimm. Ein älterer Mann zog einen jungen Burschen von der Tür weg, weil der sich vorgedrängelt hatte. Der Bursche gab dem Alten einen Stoß, dass er hinfiel. Da schlug der Mann auf den Jungen ein. Er schrie und schimpfte und prügelte dermaßen auf den Burschen los, dass der von der Heftigkeit, mit der der alte Mann auf ihn einschlug, ganz überrascht war. Pit suchte die Mutter, doch sie war nicht mehr zu sehen. Und dann fuhr der Zug auch schon an. Der alte Mann und der Junge vergaßen ihre Auseinandersetzung, sprangen auf das Trittbrett, auf dem nun auch fast kein Platz mehr war, hielten sich an den Türholmen und Fenstergriffen fest und fuhren mit.

Von Hof zu Hof

Die Mutter stand auf dem Bahnsteig und rieb sich den schmerzenden Rücken. Sie hatte die ganze Zeit auf dem Dach des Zuges gesessen, Rücken an Rücken mit einer jungen Frau und inmitten vieler anderer Hamsterer, das war sehr anstrengend gewesen. Trotzdem lächelte sie, als Pit sie endlich gefunden hatte: »Wie du in den Zug hineingelangt bist! Das war eine Meisterleistung.«

Pit fiel es schwer zurückzulächeln. Die Mutter sah jetzt schon sehr abgespannt aus; wie würde sie da erst aussehen, wenn sie die Heimfahrt hinter sich hatten!

Der Bahnsteig leerte sich schnell, die Männer und Frauen hatten es eilig wegzukommen. So viele Bauernhöfe gab es nicht; es kam darauf an, nicht als Dritter oder Vierter vorzusprechen. Die Hamsterer, die auf dem Bahnsteig geblieben waren, warteten auf den Zug in Richtung Frankfurt/Oder, wollten noch weiter von Berlin weg; je weiter man wegkam, desto weniger Konkurrenten traf man.

Die Mutter beeilte sich nicht. Für sie war jede Ankunft in der Stadt ihrer Kindheit eine Wiederbegegnung mit ihrer Jugend. Sie sah sich um, als wäre sie ewig nicht hier gewesen, und zeigte Pit, was sie wieder erkannte: Da war das Haus, in dem sie aufgewachsen war, da die Schule und da die Bank, wo sie mit dem Vater gesessen hatte, als sie sich gerade erst kennen gelernt hatten. Eine Zeit lang versuchte Pit, sich die Mutter als Mädchen vorzustellen; wie sie durch die Straßen zur Schule ging oder wie sie vor ihrem Haus mit dem Vater auf und ab ging. Dann gab er es auf: Das Mädchen, das er erfand, hatte mit der Mutter nicht viel Ähnlichkeit.

Fürstenwalde war nicht groß, dennoch brauchten Pit und die Mutter auf diese Weise jedes Mal längere Zeit, bis sie die Außenbezirke erreichten. Meistens war es dann schon später Vormittag. An diesem Tag aber kam die Zugverspätung hinzu und so wurde es Mittag. Die Sonne stand hoch und es war heiß. Pit zog die Trainingsjacke aus, band sie sich an den Ärmeln um den Bauch und ließ sich von der Mutter den Rucksack geben: Die Bauern sollten das Gefühl haben, dem Kind was in den Rucksack zu stecken.

Das erste Gehöft. An dem waren die Mutter und Pit sonst immer vorübergegangen, die Mutter kannte die Leute nicht, die hier wohnten. Jetzt wollte sie sie mal ausprobieren. Sie nahm Pits Hand und ging mit ihm durch das offene Tor, hinter dem es nach Kuhmist roch.

»Eine Brot-schneide-maschine?« Der zahnlose Alte auf der Bank im Hof legte die Hand hinter das Ohr, um besser hören zu können. Er zögerte, drehte sich aber schließlich zu einem offenen Fenster um und rief: »Elfriede! Brauchen wir eine Brotschneidemaschine?«

In dem Fenster tauchte ein Frauenkopf auf, der die Mutter und Pit unwillig musterte. »Ein paar Männerhände für den Hof brauche ich, keine Brotschneidemaschine.«

Die Mutter nickte nur, drehte sich um und verließ den Hof wieder.

Auf dem nächsten Hof kläfften Hunde. Die Mutter ging nur vorsichtig an die Toreinfahrt heran, um in den Hof hineinschauen zu können, fuhr aber gleich wieder zurück: Mitten auf dem Hof stand eine Frau neben zwei Schäferhunden, die an einem Pferdewagen festgebunden waren.

»Wir hätten eine Brotschneidemaschine«, begann die Mutter, doch die Bäuerin winkte ab: »Wir haben nichts zum Tauschen.«

»Kittelschürzen hab ich auch«, fuhr die Mutter fort. »Wir brauchen nicht viel.«

»Soll ich die Hunde loslassen?«, fragte die Frau.

»Nein«, sagte die Mutter leise, »das ist nicht nötig.«

»Gehen wir doch dahin, wo man dich kennt«, bat Pit die Mutter, als sie die Frau mit den Hunden hinter sich gelassen hatten und eine Zeit lang schweigend die staubige Dorfstraße entlanggewandert waren.

»Zur Marie Matzke?«

Pit nickte.

Die Frau Matzke war eine ehemalige Schulfreundin der Mutter und die Freundlichste von allen. Sie hatte ihnen bisher immer was gegeben.

Zum Hof der Matzkes mussten Pit und die Mutter über die Felder. Aber eigentlich waren das keine Felder mehr, was da rechts und links des Weges lag. Es waren gras- und unkrautüberwucherte Flächen; Brachland, das seit Kriegsende nicht mehr bestellt wurde. »Da liegt unser Brot«, sagte die Mutter bitter. »Solange die Männer nicht zurück sind, die die Felder bestellen, werden wir hungern müssen. Die Frauen allein schaffen das nicht.«

Pit schwieg. Ihm war heiß, sein Mund war wie ausgedörrt.

Der Hof der Matzkes war einer der größten der Umgebung, aber er war heruntergekommen. Das sah man, wenn man durch das große Hoftor trat und die verwahrlosten Gebäude erblickte.

Frau Matzke stand in der offenen Stalltür, legte die Hand vor die Augen und sah Pit und seiner Mutter entgegen. »Ich dachte mir schon, dass ihr bald mal wieder vorbeischaut«, rief sie, als sie die Besucher erkannt hatte. »Und schönes Wetter habt ihr auch mitgebracht.«

»Guten Tag, Marie!« Die Mutter freute sich über die freundliche Begrüßung. »Du hast Recht, es war wieder einmal so weit.« Dann fragte sie: »Wie geht's dir denn so?«

Frau Matzke hatte eine hohe Stirn, von roten Fäserchen durchzogene Wangen und eine kleine, gerade Nase, die sie krauste, wenn sie, wie jetzt, in die Sonne blickte. »Die Gretel ist krank«, sagte sie, als hätte die Mutter danach gefragt. »Den ganzen Tag bin ich im Stall und halte ihren Kopf, damit sie frisst. Geht sie uns ein, ist unsere letzte Milchkuh dahin.«

»Das ist traurig«, bestätigte die Mutter. Und nach einigem Zögern fragte sie: »Hast du inzwischen etwas von Karl gehört?«

Karl war Frau Matzkes Mann. Die Mutter fragte jedes Mal nach ihm und jedes Mal schüttelte die Bauersfrau den Kopf:

»Noch immer vermisst; nicht tot, nicht Gefangenschaft, nur vermisst. Das ist das Schlimmste.«

Die Mutter öffnete den Rucksack auf Pits Rücken. »Zwei Kittelschürzen und eine Brotschneidemaschine hab ich mit. Kannst du die vielleicht gebrauchen?«

»Schürzen hab ich selber genug«, sagte Frau Matzke. »Und eine Brotschneidemaschine? Hast du nichts anderes dabei?«

»Ein Besteck – Messer, Gabel, Löffel, Teelöffel und Kuchengabel.« Die Mutter sah Pit nicht an, als sie das aufzählte. Davon hatte sie ihm nichts gesagt, es war das drittletzte von zwölf Bestecken, das sie nur für den Notfall mitgenommen hatte. Drei Bestecke hatte sie behalten wollen, eines für Uli, eins für Pit und eins für sie selber.

»Silber?«, fragte Frau Matzke.

»Silber«, bestätigte die Mutter. »Du hast schon drei davon. Es sind Erinnerungsstücke.«

»Erinnerungen sind nur wertvoll, wenn es eigene sind«, erwiderte Frau Matzke. Diesen Satz brachte sie oft an, wenn Hamsterer einen Gegenstand als Erinnerungsstück anpriesen, um so den Tauschwert zu erhöhen. »Zwei Pfund Mehl und ein Glas Ziegenmilch für den Jungen kann ich dir dafür geben, mehr nicht.«

Die Mutter seufzte, kramte hinter Pit im Rucksack herum und holte das in Zeitungspapier gewickelte Besteck hervor.

»Hast du noch mehr davon?«, fragte Frau Matzke.

»Zwei.«

»Wenn du mir die zwei auch noch bringst, zahle ich dir etwas drauf. Sechs sind wenigstens ein halbes Dutzend.« Die Bäuerin ging ins Haus und holte das Mehl und die Milch.

Pit nahm das Glas, hielt sich die Nase zu und trank die

Milch auf einen Zug aus. Nicht einmal wenn er großen Durst hatte, mochte er die streng schmeckende Ziegenmilch; aber er wusste, die Mutter würde nicht von der Stelle weichen, bis er die Milch getrunken hatte.

Die zwei Tüten Mehl steckte die Mutter in den Rucksack. An ihrem Gesicht erkannte Pit, dass sie sie in den Händen gewogen und festgestellt hatte, dass sie zu leicht waren. Doch sie sagte nichts, sie wollte die ehemalige Schulfreundin nicht verärgern; sie würden sie sicher noch einmal brauchen.

»Die Kittelschürzen und die Maschine nimmt dir vielleicht der Hansemann ab«, meinte Frau Matzke, als die Mutter und Pit sich verabschiedeten. »Seine jüngste Tochter heiratet nächste Woche den Sohn vom Bergemeister. Vielleicht legt er es ihr zur Aussteuer dazu.«

Den Hansemann kannte Pit auch. Die Mutter hatte erzählt, dass der Heinrich Hansemann, als er noch ein Junge war, mit ihr gehen wollte. Sie aber hatte ihn ausgelacht, weil er seinen Eltern auf dem Hof helfen musste und ewig nach Schweinemist roch. Damals wäre sie so dumm gewesen, sagte sie, der Heini hätte ja nichts dafür gekonnt, dass er auf dem Hof der Eltern arbeiten musste, jetzt jedoch wäre er dumm: Er nahm ihr das immer noch übel, obwohl er inzwischen längst Großvater war.

Der Weg vom Matzke- zum Hansemann-Hof war weit. Wieder ging es über Felder und, um abzukürzen, auch durch einen trockenen Kiefernwald.

»Willst du nicht mal ausruhen?«, fragte die Mutter.

Pit schüttelte den Kopf. Er wollte es hinter sich bringen.

Der Bauer Hansemann empfing die Mutter und Pit im Wohnzimmer. Seine Frau, seine beiden Töchter und er hatten gerade gegessen. Nun standen die Frauen in der Küche und wuschen ab und er rauchte eine Zigarre.

»Dir geht's gut, das sieht man«, sagte die Mutter, als sie und Pit auf der Couch Platz genommen hatten.

»Nicht so gut, wie es gehen könnte«, verbesserte der Bauer die Mutter. »Nur weil wir der einzige Hof weit und breit sind, der noch einigermaßen intakt ist, dürfen wir nicht klagen.«

Dann fragte er: »Wann warst du denn das letzte Mal in unserer Gegend, Anna?«

»Vor zwei Monaten.«

»Da warst du aber nicht bei mir.«

»Nein, da war ich nicht bei dir.« Die Mutter sah an dem Mann im Lehnstuhl vorbei.

»Naja, als Städterin ist man was Besseres und als Berlinerin erst recht.« Der Bauer gähnte. »Soll ja schlimm aussehen bei euch in Berlin?«

Die Mutter ging nicht darauf ein. »Ich habe zwei Kittelschürzen und eine Brotschneidemaschine bei mir«, sagte sie. »Kannst du die gebrauchen? Vielleicht, um sie deiner Jüngsten auf die Aussteuer zu legen?«

»Hast du keinen Schnaps?«

»Nein.«

»Brotschneidemaschine, Kittelschürzen«, murmelte der Bauer. »Na, zeig mal her.«

Die Mutter nahm Pit den Rucksack ab und packte die Kittelschürzen und die Brotschneidemaschine aus. Der Bauer nahm die Maschine in seine großen, rauen Hände und drehte an der Kurbel.

»Geölt und geschärft müsste sie werden«, stellte er mit vorwurfsvollem Unterton fest.

»Das wirst du ja wohl können«, versetzte die Mutter lächelnd.

Der Bauer zog die Augenbrauen in die Höhe. »Warum bist du so schnippisch? Kannst du dir das leisten?«

»Man hat auch seinen Stolz«, erwiderte die Mutter fest.

»Stolz? Kenne ich nicht.« Der Bauer Hansemann schüttelte den Kopf, als hätte er das Wort Stolz noch nie gehört. »Wir müssen uns alle nach der Decke strecken, ihr in der Stadt und wir auf dem Land.«

»Aber ihr habt zu essen, bei euch hungert niemand«, entgegnete die Mutter. »Wenn du hungerst, brauchst du eine Menge Stolz.«

»Ich hab den Krieg nicht gemacht«, verteidigte sich der Bauer. »Und dass ich überlebt habe und meinen Hof wieder in Schwung bringen konnte, ist auch keine Schande. Ich musste hart schuften dafür.«

»Kannst du nun was gebrauchen oder nicht?« Die Mutter nahm Pit den Rucksack ab, als wolle sie alles wieder einpacken.

Der Bauer rief seine Frau und trug ihr auf, zehn Pfund Kartoffeln, ein Pfund Maismehl und eine Wurst zu holen.

»Fünfzehn Pfund Kartoffeln«, verbesserte die Mutter.

Der Bauer blickte zum Fenster hinaus, dann seufzte er ergeben: »Meinetwegen! Wozu hat man denn schließlich ein Herz?«

Dieter ist ein schöner Name

»Heute musst du mal auf Dieter aufpassen«, sagte Karin. »Ich hab was anderes vor.«

»Was haste denn vor?«, wollte Eule wissen.

Karin stellte sich vor den großen Flurspiegel und betrachtete sich von allen Seiten. Teilweise war sie zufrieden, teilweise unzufrieden. »Wie eine Vogelscheuche läuft man herum«, sagte sie. Dann drehte sie sich zu Eule um: »Wenn du mir versprichst, es nicht gleich allen auf die Nase zu binden, sage ich dir, was ich vorhabe.«

Eule versprach es.

»Ich gehe mit Hansi ins Kino. Er hat zwei Karten besorgt. Sie spielen einen amerikanischen Film mit Marlene Dietrich.«

»Ach so!« Eule ging nicht besonders gern ins Kino. Die Handlungen der meisten Filme waren langweilig, und warum die Männer in den Filmen in diese komischen Frauen mit den Schleierblicken verliebt waren, verstand er sowieso nicht.

»Ach so!«, äffte Karin den Bruder nach. »Was Besseres fällt dir wohl nicht ein?«

Eule ließ Karin vor dem Spiegel stehen und ging auf den Balkon. Es war ein drückend heißer Tag geworden, ein Tag, an dem man am besten irgendwo im Schatten lag und träumte; kein Tag, um mit Dieter durch die Straßen zu ziehen. Doch es ging nicht anders, er musste zu Ballo, musste Pit entschuldigen und dem Freund am Nachmittag ausrichten, wann und wo sie sich am Abend trafen. Und natürlich durfte er Dieter nicht allein lassen: Also musste er ihn mitnehmen.

Karin war fertig. Sie ging in die Küche und putzte Dieter noch einmal die Nase, dann kam sie zu Eule auf den Balkon und sagte: »Ich geh jetzt. Wenn Mutter fragt, sag ihr, ich wäre bei Claudia.«

Eule folgte der Schwester durch das Wohnzimmer in den Flur und betrat, als sie die Tür hinter sich geschlossen hatte, die Küche. »Ich nehme dich mit«, sagte er zu Dieter »Aber du musst artig sein. Haste verstanden?«

Dieter hatte nicht verstanden. Neugierig blickte er von seinem Platz auf dem Fußboden zu Eule hoch. Erst als Eule den Kamm holte, ihn kämmte und seine Hand nahm, begriff er und strahlte.

»Bleib schön bei mir, hörste?«, befahl Eule, als er die Tür abschloss. »Wenn du dich losreißt, bringe ich dich zurück.«

Auf der Straße war es schwül, keines der Kinder spielte in der Sonne, alle hielten sich im Schatten auf. Dieter blickte von einem zum anderen, und als er ein paar Mädchen entdeckte, die mit ihren Puppen spielten, wollte er gleich zu ihnen hin.

»Nicht!« Eule hielt den Bruder fest. Die Kinder auf der Straße hatten kein Verständnis für Dieter; sie mochten es nicht, wenn er ihr Spiel durcheinander brachte.

Der Weg zu Ballo war nicht weit, Eule aber musste langsam gehen. Dieter sah sich jedes Mal, wenn er ein paar Schritte gemacht hatte, erst lange um, bevor er weiterging.

Endlich hatten sie das Haus, in dem Ballo und seine Mutter wohnten, erreicht und gingen über die Höfe. Dieter wurde ganz still und drückte Eules Hand, als wollte er sich vergewissern, dass der große Bruder noch bei ihm war. Vor fremden Häusern hatte er Angst.

Ballos Fenster war nur angelehnt. Als Eule klopfte, öffnete es sich von selbst. Vorsichtig schob er es ganz auf und lugte hinein.

Spatz und Schonny saßen auf Ballos Couch. Fast gleichzeitig legten sie den Finger vor den Mund. »Sei leise«, bat Spatz. »Ballos Mutter ist krank.«

Eule kletterte durchs Fenster und half Dieter hinein. Der kleine Junge bekam ganz große Augen. Was der Bruder da mit ihm unternahm, war etwas so Ungewöhnliches, dass er nicht wusste, ob er Angst haben musste oder sich freuen durfte.

Schonny zog Dieter sofort neben sich. »Wen haben wir denn da?«, fragte er und verzog das Gesicht zu einer Fratze, um Dieter zum Lachen zu bringen. Dieter lachte auch; anfangs nur leise, dann immer lauter.

»Seid ihr verrückt geworden?« Ballo stand in der Tür. »Habe ich euch denn nicht gesagt, dass …« Er verstummte, er hatte Dieter entdeckt.

»Es ging nicht anders«, erklärte Eule. »Ich musste ihn mitnehmen oder zu Hause bleiben.«

»Und Pit? Wo ist Pit?«, fragte Ballo und schloss die Tür.

Eule wollte Pit entschuldigen, doch er kam nicht dazu: Die Tür wurde erneut geöffnet, eine Frau in einem Morgenmantel sah ins Zimmer. »Hast du Besuch?«, fragte sie erstaunt.

Schonny ließ Dieter von seinem Schoß gleiten und stand auf. Auch Eule und Spatz erhoben sich.

Ballos Mutter trat ins Zimmer und gab Eule, Spatz und Schonny die Hand. »Ich hätte nicht gedacht, dass ich euch mal zu Gesicht bekommen würde«, sagte sie dabei. »Bisher hat er euch immer vor mir versteckt – oder mich vor euch.« Sie lachte, aber es war kein fröhliches Lachen.

Dann entdeckte sie Dieter und fragte überrascht: »Ja, wer bist du denn?«

Dieter suchte Eules Hand und hielt sich an ihr fest.

»Mein Bruder«, erklärte Eule leise. »Er kann noch nicht reden.«

»Wie alt ist er denn? Und wie heißt er?«

»Er heißt Dieter und ist sechs.«

»Sechs?« Ballos Mutter blickte Dieter ernst und nachdenklich an. »Da habt ihr aber Glück gehabt! Wenn er älter gewesen wäre ...« Sie brach ab und sagte: »Dieter ist ein schöner Name.«

Eule wusste, was Ballos Mutter sagen wollte: Wäre Dieter ein paar Jahre früher geboren worden, wäre er sicher nicht mehr am Leben. Unter Hitler waren Kinder wie Dieter abgeholt und in eine Anstalt gebracht worden. Viele waren in diesen Anstalten gestorben. Die Mutter hatte es gesagt. Und sie hatte hinzugefügt, Hitlers Leute hätten die Kinder umgebracht, weil sie der Meinung gewesen waren, Behinderte wären unnütze Fresser und gefährdeten die Volksgesundheit.

»Komm mal mit!« Ballos Mutter reichte Dieter die Hand. »Ich hab was für dich.«

Dieter sah den Bruder an. Erst als Eule nickte, nahm er die ausgestreckte Hand der fremden Frau.

Ballo wartete, bis seine Mutter mit Dieter das Zimmer verlassen hatte, dann schloss er die Tür.

»Wo ist Pit?«

»Hamstern«, antwortete Eule. »Seine Mutter und er sind heute Morgen los und ...«

»Aber er hat doch gewusst, dass wir uns heute hier treffen.«

Eule nickte: »Ja, aber ...«

»Kein ›Ja, aber‹!« Ballo starrte Eule finster an. »Er hätte sich was einfallen lassen müssen. Die Hamsterfahrt hätte auch übermorgen stattfinden können.«

»Aber sie hatten nichts mehr zu essen«, entgegnete Eule kleinlaut.

»Essen!« Ballo ließ sich in seinen Sessel fallen. »Befehl ist Befehl! Wenn er nun bis zum Abend nicht zurück ist? Was ist dann? Sollen wir sagen, wir konnten den Auftrag nicht ausführen, weil einer unserer Leute auf Kartoffelfahrt ist?«

Die Jungen schwiegen. Sie konnten Pit verstehen, aber was Ballo sagte, klang auch nicht falsch. Und dass er keine besonders gute Laune hatte, wen sollte das verwundern: Schließlich war seine Mutter krank.

»Was hat deine Mutter denn eigentlich?«, fragte Spatz, nachdem Ballo längere Zeit nichts mehr gesagt hatte.

»Sie hat's im Kreuz«, antwortete Ballo unlustig, »hat zu viele Steine geschleppt.«

Wieder schwiegen die Jungen. Dass eine Frau wie Ballos Mutter Steine schleppte! Dann fragte Schonny: »Weißt du was Neues über unseren Auftrag?«

»Wir treffen uns heute Abend um neun an der Ecke Beermannstraße«, sagte Ballo. »Von dort aus gehen wir gemeinsam weiter und treffen um halb zehn die anderen.«

»Und was sollen wir tun?« Schonny blickte Ballo gespannt an und auch Spatz und Eule ließen ihn nicht aus den Augen.

»Das erfahren wir an Ort und Stelle.«

»Und was machen wir, wenn es lange dauert und zu spät wird?« Spatz dachte an die Sperrstunde, die abends um elf begann und bis fünf Uhr morgens dauerte. Während dieser Zeit durfte sich kein Deutscher auf der Straße aufhalten. Außerdem: Was sollte er der Mutter sagen? Es gab keinen glaubhaften Grund, erst so spät nach Hause zu kommen.

»Wie oft soll ich euch das denn noch sagen: Befehl ist Befehl!«, brauste Ballo auf. »Wenn das Ganze nachts um drei stattfinden würde, dürftet ihr auch nicht lange fragen.«

Die Jungen senkten die Köpfe. Wenn sie nicht vor Beginn der Sperrstunde zu Hause waren, würden sie alle großen Ärger bekommen.

Ballo stand auf und sah auf die Jungen herunter. »Wer heute Abend nicht kommt, hat den Befehl verweigert.« Er wollte noch etwas hinzufügen, wurde aber unterbrochen: Seine Mutter brachte Dieter zurück.

Dieter strahlte über das ganze verklebte Gesicht. Er hatte Bonbons bekommen und sie alle auf einmal in den Mund gesteckt. Nun lutschte er darauf herum.

»Wenn du mal wiederkommst, bring deinen Bruder mit«, bat Ballos Mutter Eule. »Ich kenne jemanden, der hat noch Kinderkleidung zu Hause, die er nicht mehr braucht. Eurem Dieter könnten die Sachen gerade passen.«

Die Kleinen und die Großen

Es war Nachmittag. Die Sonne stach nicht mehr, aber nun war es nicht mehr nur heiß, nun war es auch noch schwül geworden. Pit und die Mutter saßen auf dem Bahnsteig und warteten auf den Zug, der aus Frankfurt/Oder kommen und sie nach Erkner bringen sollte. Zwei Stunden warteten sie nun schon zwischen all den anderen Hamsterern, die sich auf Säcken und Jacken niedergelassen und den Bahnsteig in einen lang gestreckten Lagerplatz verwandelt hatten. Mal saß die Mutter auf dem Rucksack mit den fünfzehn Pfund Kartoffeln und Pit streckte sich auf seiner Trainingsjacke aus, mal umgekehrt. Die Wartenden rings um sie herum hielten es nicht anders, einige schliefen sogar.

Pit musste an die kleine, in Zeitungspapier gewickelte Wurst denken, die die Mutter vom Bauer Hansemann bekommen und in ihrer Skihose verstaut hatte. Wie gerne würde er jetzt davon abbeißen, die Herumlauferei hatte einen wahnsinnigen, beinahe schmerzhaften Hunger in ihm hinterlassen. Doch er bat die Mutter nicht um die Wurst, er sah ja selber ein: Die Wurst gehörte in dünne Scheiben geschnitten und auf ein Brot, damit sie möglichst lange davon hatten.

»Wenn der Zug erst in der Nacht kommt, müssen wir vorher noch ein bisschen schlafen.« Die Mutter war matt und müde und litt unter der Hitze. Kleine Schweißperlen glänzten auf Nase und Stirn und sie atmete kürzer als sonst.

Pit konnte sich nicht vorstellen, auf dem überfüllten Bahnsteig und mit nichts als einer Trainingsjacke unter sich einschlafen zu können. Aber das war es nicht allein, was ihm Sorge machte: Wenn der Zug erst in der Nacht kam, hieß das, dass Ballo und die anderen den Auftrag ohne ihn erfüllen mussten. Das würde Ballo ihm übel nehmen, ganz egal, welche Entschuldigungen er vorbringen konnte.

Ein Zug fuhr in den Bahnhof ein und blieb mit quietschenden Bremsen stehen. Die Wartenden sahen sich ratlos um: Was war das für ein Zug? Es war keiner angekündigt worden. Schließlich stand ein Mann auf, öffnete eine der Türen des Zuges und fragte in den Waggon hinein: »Wohin fährt der denn?«

»Nach Erkner«, lautete die Antwort.

Nach Erkner? Die Hamsterer waren überrascht. Dann aber

sprangen sie auf und begannen fieberhaft ihre Sachen zusammenzuraffen.

»Fährt der wirklich nach Erkner?« Die Mutter wollte es noch nicht glauben, als Pit sich schon die Trainingsbluse überzog und die Tüten mit dem Mehl darin verschwinden ließ. Doch dann hallte der Lautsprecher über den Bahnhof: »Der verspätet eingefahrene Zug aus Frankfurt/Oder fährt weiter in Richtung Erkner. Beim Einsteigen bitte beeilen.«

»Beeilen?«, rief die Mutter. »Jetzt sollen wir uns auf einmal beeilen?« Sie sah, dass Pit und sie zu den Letzten gehörten, die mit ihren losen Bündeln und Säcken auf den Zug zuliefen, und war wie gelähmt. Pit musste sie mit sich ziehen.

»Beim Einsteigen bitte beeilen!«

»Wo sollen wir denn hin?« Die Mutter war nun doch stehen geblieben. Und auch Pit blieb stehen: Im Zug und auf dem Dach war alles besetzt, nur auf den Trittbrettern konnte man sich, wenn man sich dazwischendrängelte, noch Platz verschaffen.

»Nicht auf die Trittbretter!« Die Mutter versuchte, Pit zurückzuhalten. »Das ist zu gefährlich.«

Da wandte Pit sich um und schrie: »Aber es kommt kein Zug mehr!« Er hatte die Mutter noch nie angeschrien, aber jetzt, das fühlte er, musste er es tun: Sie war zu müde und mutlos und von der Ankunft und dem plötzlichen Aufbruch der Leute zu überrascht, um eine Entscheidung treffen zu können.

Die Mutter ließ sich von Pit mitziehen, stieg auf ein Trittbrett und klammerte sich an einen Türholm.

»Machen Sie sich mal keine Sorgen«, sagte da eine Männerstimme hinter Pit. »Ich halte ihn schon fest.«

Es war der Hagere, den Pit von der S-Bahn-Fahrt kannte,

der, an dessen Jacke ihn die Leute gedrängt hatten. Nun stand der Mann zwischen der Mutter und ihm, legte einen Arm um ihn und einen um die Mutter und packte mit den Händen je einen Fenstergriff und einen Türholm.

Die Mutter fasste sich. »Es war zu viel«, entschuldigte sie sich. »Dieser Tag und die Hitze dazu, es war einfach zu viel.«

»Das kann man wohl sagen«, bestätigte die Frau vor Pit. »Ich frage mich nur, wie lange uns so was noch zugemutet wird.«

»Es gab Schlimmeres«, entgegnete der Hagere. »Seien Sie froh, dass Sie noch leben.«

Die Frau sah den Hageren über Pit hinweg böse an. »Ich bin aber nicht froh. Fünf Kinder und keinen Mann, denken Sie, das macht froh?«

Der Hagere wollte etwas erwidern, da pfiff die Lokomotive und der Zug fuhr an. Pit war noch nie auf dem Trittbrett mitgefahren, und er hatte sich immer ein bisschen davor gefürchtet, es eines Tages tun zu müssen. Doch nun, den Arm des Mannes als Schutz um sich, machte es beinahe Spaß, langsam aus dem Bahnhof hinauszufahren und dann an den Häusern der Vorstadt und den ersten Feldern entlangzugleiten. Der Fahrtwind vertrieb die schwüle Luft, erfrischte und ließ Pit beinahe frohlocken: Der Zug war gekommen und sie fuhren mit; sie mussten den Abend nicht auf dem Bahnsteig, die Nacht nicht im Zug zubringen. Doch die Lokomotive wurde schneller, der Fahrtwind mit den vielen kleinen Kohleteilchen, die die Lokomotive versprühte, unangenehmer. Pit wandte den Kopf von den Feldern und Wiesen ab und sah in das Fenster hinein. Die Leute in dem überfüllten Abteil hielten die Augen geschlossen und dösten trübe vor sich hin.

Auch Pit wurde müde. Der Fahrtwind erfrischte nicht mehr, er nahm ihm die Kraft und den Mut. Und die Fahrt nahm und nahm kein Ende. Ihm war, als dauerte sie drei- oder viermal so lange wie die Hinfahrt im Gepäcknetz. Der Wind und der Qualm der Lokomotive hatten sein Gesicht mit einer feinen Kruste bedeckt; wenn er mit der Zunge die Lippen entlangfuhr, spürte er die dumpf schmeckenden Kohleteilchen. Und dann schlief ihm auch noch der Arm ein, mit dem er sich an dem Fenstergriff festhielt. Er wechselte die Hände und streckte den ermüdeten Arm ein paar Mal aus, bis das Blut in ihn zurückströmte. Der Hagere lachte und sagte etwas, aber der Wind trug seine Worte fort.

Als der Zug Erkner endlich erreicht hatte, sprang Pit vom Trittbrett – und sank in die Knie: Seine Beine waren stocksteif. Der Mutter erging es ähnlich. Der Hagere musste sie stützen, bis sie sich so weit erholt hatte, dass sie allein gehen konnte. Trotzdem blieb der Hagere bei ihr, er schien sich verantwortlich für sie zu fühlen, nachdem er sie so lange festgehalten hatte. Doch dann blieb er plötzlich stehen und fluchte: Vor dem Übergang zum S-Bahnsteig hatte sich eine Menschenansammlung gebildet, russische Soldaten und deutsche Polizisten kontrollierten die Reisenden.

»Auch das noch!« Die Mutter blieb ebenfalls stehen und sah sich unschlüssig um: Wenn sie weiterging, war alles verloren. Hamstern war verboten; was gefunden wurde, war man los.

»Und dafür hat man nun sechs Jahre lang seinen Kopf hingehalten!« Der Hagere blickte finster. Dann entschloss er sich. »Holtau, Stargarder Straße 37«, flüsterte er der Mutter zu. »Wenn mir was passiert, benachrichtigen Sie bitte meine Frau.«

Bevor die Mutter etwas erwidern konnte, ging er langsam rückwärts, sprang vom Bahnsteig und lief geduckt über die Gleise. Die Mutter zog Pit an sich. »Mein Gott, was macht er denn jetzt?«, rief sie entsetzt. »Das lohnt sich doch nicht.«

Der Hagere war noch mitten auf den Gleisen, als ein lautes »Stoj!«* ertönte. Zwei russische Soldaten, die von irgendwo aufgetaucht waren, standen hinter ihm und legten die Maschinenpistolen auf ihn an. Der Hagere blieb stehen und ließ sich mit erhobenen Händen abführen.

Die Menschen in der Schlange vor dem Ausgang, die die vergebliche Flucht des Mannes beobachtet hatten, tuschelten miteinander. Wortfetzen wie »Diese Schweine!« und »Das hätte er nicht tun sollen, das war dumm von ihm« drangen an Pits Ohr, aber er hörte nicht richtig hin. Der Hagere tat ihm Leid. Sicher hatte er das nur getan, weil er an seine Familie dachte, die Hunger hatte und auf seine Heimkehr wartete.

Die Mutter seufzte: »Da hat er sich was Schönes eingebrockt! Und wem hat er damit genutzt? Seiner Familie bestimmt nicht.« Doch dann schüttelte sie die Gedanken an den Mann, der ihnen geholfen hatte, ab und richtete ihr Augenmerk auf die Kontrolleure vor dem Ausgang des Fernbahnsteiges.

Es waren die Polizisten, die den Reisenden die Hamsterware abnahmen. Die Russen standen nur dabei und sahen zu.

Es dauerte lange, bis die Reihen sich ein wenig lichteten. Die Polizisten waren sehr genau, sahen nicht nur in die Rucksäcke, Körbe und Tüten, sie tasteten die Reisenden auch ab. Eine Frau wollte sich nicht abtasten lassen. Sie schrie, sie wer-

---

* Halt!

de sich beschweren, sie sei eine verheiratete Frau. Der Polizist, der sie untersuchen wollte, ein sehr junger Mann, bekam einen roten Kopf. »Ich kann Sie auch zu einer Kollegin bringen«, sagte er. Dann müsse sie aber hier bleiben und hinterher mit ihnen aufs Revier fahren. Die Frau begann zu weinen, drehte sich um und raffte ihren weiten Rock hoch. Darunter befand sich ein Unterrock mit vielen kleinen Taschen. In den Taschen steckten Eier. Die Frau nahm eines nach dem anderen heraus und klatschte sie vor dem Polizisten auf die Erde. »Da habt ihr!«, schrie sie. »Nehmt nur! Wir haben ja sowieso zu viel davon.«

»Werden Sie bloß nicht frech!«, sagte der Polizist, aber er wagte nicht, die Frau an ihrem Tun zu hindern.

In der Menschenschlange wurde Empörung laut. »Wer ist denn hier frech, ihr oder wir?«, rief eine Frau. Und eine andere: »Ihr seid es doch, die uns verhungern lasst. Unsere eigenen Leute!« Und ein älterer Mann schimpfte: »Fangt lieber die großkotzigen Schieber, die sich an der Not eine goldene Nase verdienen, als uns auch noch den letzten Krümel fortzunehmen.«

Der junge Polizist wurde wütend. »Ihr habt doch den Krieg gemacht«, schrie er die Menge an. »Was beschwert ihr euch denn jetzt, dass ihr ihn verloren habt?«

Einen Augenblick war es still, dann sagte der ältere Mann, der das mit den Schiebern gesagt hatte: »Wir haben den Krieg nicht gemacht, wir haben ihn geschehen lassen und leiden jetzt unter seinen Nachwirkungen. Die ihn gemacht und an ihm verdient haben, leiden keine Not. Denen geht es längst wieder besser.«

»Das ist doch immer so«, sagte Pits Mutter. »Die Großen

machen die Rechnung und die Kleinen müssen sie bezahlen.« Sie wies mit dem Kopf auf den Polizisten. »Der da ist doch auch nur ein Kleiner. Und der bezahlt mit, obwohl er nichts dafür kann.«

Die Leute beruhigten sich wieder. Zwar murrten sie, wenn ihnen ihr schwer Erkämpftes abgenommen wurde, doch sie schickten sich drein. Und dann waren Pit und die Mutter an der Reihe.

»Was und wie viel?«, fragte der junge Polizist und deutete auf den Rucksack.

»Fünfzehn Pfund Kartoffeln«, antwortete die Mutter.

Der Polizist zeigte auf den bereits vorhandenen Berg von Kartoffeln und sagte: »Dorthin.« Pit nahm den Rucksack, öffnete ihn und leerte ihn auf dem Berg Kartoffeln aus.

»Sonst noch was?«, fragte der Polizist ernst.

»Nein«, sagte die Mutter und Pit wollte mit dem leeren Rucksack in der Hand weitergehen. Der Polizist hielt ihn fest und deutete auf die Trainingsbluse: »Pack aus.«

Pit zog den Gummibund der Jacke von sich fort und ließ die Tüten mit dem Mehl unten herausfallen. Eine der Mehltüten platzte auf und das Mehl quoll heraus.

Der Polizist schüttelte den Kopf. »Nahrungsmittel! Warum seid ihr so egoistisch? Wenn ich es nicht haben kann, soll es auch kein anderer bekommen, was?«

Die Mutter legte Pit den Arm um die Schultern und ging mit ihm an dem empörten Polizisten vorbei. Erst als sie ein Stück von der Kontrollstelle fort waren, sagte sie: »Das hättest du wirklich nicht tun sollen. Irgendwer hätte es ja tatsächlich bekommen.« Aber dann lächelte sie: »Naja! Wenigstens die Wurst haben wir durchgebracht.«

Kinder haben es gut

Die S-Bahn war nicht sehr voll. Die durch die Kontrollen aufgehaltenen Hamsterer verteilten sich auf mehrere Züge und der erste war schon weg. Pit und die Mutter erwischten einen Sitzplatz und streckten die müden Beine von sich.

»Ich verstehe sie ja«, sagte die Mutter nach einiger Zeit. »Wenn sie die Hamsterei nicht in den Griff bekommen, wird es in den Geschäften nie genug geben. Die Bauern kommen durch Schwarzverkäufe viel besser zurecht. Aber dass immer wir es sind, die ausbaden müssen, was andere angerichtet haben, das kann nicht in Ordnung sein.«

Pit hielt den leeren, traurig aussehenden Rucksack auf den Knien und sah in die vorbeifliegende, von der Sonne rötlich golden beschienene Abendlandschaft hinaus. Mit »sie« meinte die Mutter die Besatzer und die deutschen Behörden, die die Stadt verwalteten. Respekt lag in diesem »sie«, Ärger und viel Unverständnis. Doch was nützte das alles? Sie hatten eine Brotschneidemaschine, zwei Kittelschürzen und ein silbernes Besteck gegen eine kleine Wurst eingetauscht. Und dafür hatten sie sich noch schlecht behandeln lassen müssen, von den Bauern und von den Polizisten. Ungerechter konnte es nicht zugehen.

Die Mutter sah Pit an, als hätte sie seine Gedanken erraten. »Die Wurst gehört dir«, sagte sie. »Ganz alleine dir. Du hast sie dir verdient.«

»Ich will sie nicht«, erwiderte Pit störrisch. »Iss du sie, ich will sie nicht.«

Die Mutter lehnte sich zurück und schloss die Augen. »Das Dumme ist«, sagte sie, »dass ich jetzt denke: Nie wieder hamstern fahren! Und ich denke das, obwohl ich ganz genau weiß, dass ich irgendwann doch wieder losfahren werde.«

Die Mutter hatte Recht. Sie konnten gar nicht anders, als irgendwann doch wieder loszufahren und zu hoffen, dann mehr Glück zu haben. Wollte er ihr etwa Vorwürfe machen, weil es diesmal nicht geklappt hatte? Pit ließ es zu, dass die Mutter ihn an sich zog und seine Schultern streichelte. »Dieser Holtau hatte Recht«, sagte sie dabei. »Wir haben Schlimmeres überstanden, wir werden auch das überstehen.«

Holtau? Das war doch der Hagere. »Stargarder Straße 37«, erinnerte sich Pit. »Wirst du seine Frau benachrichtigen?«

»Sie werden seinen Rucksack ausleeren und ihn dann laufen lassen«, meinte die Mutter. »Aber sicherheitshalber schicke ich seiner Frau eine Karte. Morgen früh, wenn ich zum Brandenburger Tor gehe, stecke ich sie ein.«

In der Nähe des Brandenburger Tores gab es eine Schwarzmarktstraße, in der die Mutter Garn kaufte, wenn sie keines mehr hatte. Doch diesmal ging es nicht um Garn, das spürte Pit.

»Willst du Vaters Uhr doch verkaufen?«

»Wir müssen sie verkaufen«, sagte die Mutter, »wir brauchen was zu essen.«

Sie mussten es tun; es gab keinen anderen Ausweg. Pit widersprach nicht mehr. Er drehte sich von der Mutter weg und sah wieder aus dem Fenster.

Der Zug war langsamer geworden, er passierte die ersten Vororte. Pit sah hinaus, bis er müde wurde, sich zurücklehnte und die Augen schloss. Als sie dann aussteigen mussten und die Mutter ihn weckte, war er wie betäubt; er hatte richtig fest geschlafen.

Es dämmerte bereits, aber in der Rügener Straße spielten noch Kinder. Sie warfen sich mit einem Ball aus Lumpen gegenseitig ab. Wer getroffen wurde, musste der Jäger sein. Sie schrien, johlten und lachten dabei.

»Kinder haben es gut«, sagte die Mutter, als sie mit Pit an den Mädchen und Jungen vorüberging. »Kinder haben immer noch was anderes, nicht nur den trostlosen Alltag.«

Auf den Stufen von der Nr. 14 saß Eule. Er erhob sich steif, grüßte und steckte Pit, als dessen Mutter schon vorüber war, einen Zettel zu.

In der Wohnung angekommen, ging Pit gleich ins Bad, um sich den Kohlenstaub von der Fahrt auf dem Trittbrett aus dem Gesicht zu waschen. Doch bevor er damit anfing, setzte er sich auf den Klodeckel und las Eules Zettel.

»Wir treffen uns um neun an der Ecke Beermannstraße. Komm vorher zu mir und hole mich ab«, stand da in Eules krakeliger Handschrift. Und er hatte hinzugefügt: *»Aber lass dir einen Grund einfallen, warum du mich so spät noch abholen kommst.«*

Typisch Eule! Er, Pit, musste sich einen Grund einfallen lassen. Eule vertraute darauf, dass er besser lügen konnte.

»Die Wurst ist aber wirklich sehr klein«, sagte die Mutter, als Pit aus dem Bad zurückkam. »Du musst sie gründlich kauen, dann hast du mehr davon.«

Pit starrte auf den Teller mit den vielen kleinen Stückchen, in die die Mutter die harte Wurst zerteilt hatte. Das Wasser lief ihm im Mund zusammen, sein Hunger wurde so stark, dass ihm fast schlecht wurde.

»Ich habe gekostet«, sagte die Mutter. »Sie schmeckt gut.«

»Aber du musst mitessen«, beharrte Pit.

Die Mutter schüttelte den Kopf. »Ein Körper, der wächst, braucht mehr. Das war schon immer so.«

Da konnte Pit nicht anders, er setzte sich hinter den Teller mit den Wurststückchen, steckte eines in den Mund und kaute drauflos.

Die Mutter lächelte müde und ging ins Bad, um sich ebenfalls zu waschen.

Pit aß Stück für Stück von der Wurst, bis der Teller leer war. Dann lehnte er sich in den Stuhl zurück. Die Mutter hatte Recht. Kinder hatten es besser als Erwachsene. Nicht nur, dass sie Spiele hatten, sie hatten auch fast immer jemanden, der für sie verzichtete. Wer verzichtete für die Mutter?

Eine Weile saß Pit so da, dann sprang er plötzlich auf, lief ins Wohnzimmer und sah auf die Uhr: Um neun an der Ecke Beermannstraße, hatte Eule geschrieben und jetzt war es schon zehn vor neun! Beinahe hätte er Ballos Auftrag vergessen. Leise ging er in den Flur zurück, stellte sich vor die Badezimmertür und lauschte. Der Wasserhahn rauschte, die Mutter war noch nicht fertig.

Sollte er anklopfen und der Mutter irgendwas erzählen; er wolle nur mal schnell zu Eule hoch oder so? Er sah ihr Gesicht vor sich, sah sie vor dem Bauern Hansemann sitzen, sah sie auf dem Bahnhof Fürstenwalde, bei der Kontrolle in Erkner und wie sie für ihn auf die Wurst verzichtete … Er konnte sie nicht belügen, nicht an diesem Tag. Er schlich zur Flurtür, öffnete sie, schlüpfte hinaus und schloss die Tür wieder. Er kam sich schlecht vor, doch ihm blieb keine andere Wahl.

Vor dem Krankenhaus

Eule lag quer vor der Wohnungstür und spielte mit Dieter. Sie bauten aus leeren Streichholzschachteln einen Turm. Je höher der Turm wuchs, desto begeisterter war Dieter; fiel der Turm in sich zusammen, war er enttäuscht. Karin wusch ab und summte dabei vor sich hin. Es war das Lied aus dem Film, den sie gesehen hatte. Die Mutter saß am Küchentisch und stopfte Strümpfe. Manchmal summte sie mit Karin mit, die gute Stimmung zu Hause freute sie. Als es klingelte, sagte sie: »Das wird Fred sein. Er hat wohl wieder einen Vorschuss bekommen und will empfangen werden.«

Es war aber nicht Fred, der vor der Tür stand, es war Pit. »Darf Bernd noch ein bisschen zu mir runterkommen?«

»Um diese Zeit?« Die Mutter sah auf die Küchenuhr. »Was wollt ihr denn jetzt noch anfangen?«

»Halma spielen«, antwortete Pit. »Ich hab schon alles aufgebaut. Es ist nur für eine halbe Stunde.«

»Lass mich doch«, bat Eule die Mutter. »Ich bin ja gleich wieder zurück.«

»Na, meinetwegen. Aber nur eine halbe Stunde. Und nur, weil du dich so schön mit Dieter beschäftigt hast.«

Eule hängte sich die Schnur mit dem Schlüssel um den Hals, öffnete die Wohnungstür und schob Pit hinaus.

»Da haste mir was Schönes eingebrockt«, sagte Pit, als sie die Treppen hinunterliefen. »Deine Mutter wird mir die Schuld geben, wenn du nicht pünktlich zurück bist.«

»Mir fiel keine Ausrede ein«, entschuldigte sich Eule.

»Was müssen wir denn nun eigentlich tun?«, wollte Pit wissen. »Hat Ballo was gesagt?«

»Er wusste es noch nicht. Er hat gesagt, wir erfahren es, wenn wir uns mit den anderen treffen; um halb zehn.«

»Um halb zehn?« Pit verlor die letzte Lust an dem Auftrag. »Wie lange soll das denn dauern?«

Eule zuckte die Achseln: »Keine Ahnung.«

Schonny und Spatz standen schon unter der Gaslaterne und sahen Pit und Eule entgegen. Schonny trug Hemd und Turnhose, Spatz steckte nur in seiner bauschigen Mädchenturnhose. Er sah verfroren aus, obwohl es noch immer so schwül war.

Die Jungen begrüßten sich kurz und schwiegen dann. Keiner wusste, was er sagen sollte, bis Spatz fragte: »Was habt ihr denn zu Hause gesagt?« Er sah Pit an und wartete, aber Pit blickte nur noch finsterer und antwortete nicht.

»Und du?«, wandte sich Spatz an Schonny.

»Gar nichts!« Schonny grinste. »Mein Vater hat getrunken und Radio gehört.«

»Und deine Mutter?«

»Die ist servieren.«

»Du hast es gut«, seufzte Spatz. Manchmal war es ein Vorteil, wenn sich niemand um einen kümmerte.

»Kleines Palaver?« Ballo hatte sich den Jungen unbemerkt genähert und war unzufrieden. »Müsst ihr denn direkt unter der Laterne stehen, so dass man euch meilenweit sehen kann?« Er trug die gleiche Hose und das gleiche Hemd wie immer, aber es wirkte alles ein wenig straffer.

Verlegen traten die Jungen in den Schatten eines Hauseinganges. Dort musterte Ballo sie und verzog das Gesicht, als er Spatz ansah. »Zum Fürchten siehst du ja nicht gerade aus. Du hättest dir wenigstens ein Hemd anziehen sollen.«

»Wenn ich noch mal hochgegangen wäre, hätte meine Mutter mich nicht wieder fortgelassen«, entschuldigte sich Spatz. Den ganzen Nachmittag über hatte er vor der Haustür gesessen, und als es Zeit war hochzugehen, war er aufgestanden und spazieren gegangen. Stundenlang und ganz flau im Bauch vor schlechtem Gewissen, weil er immerzu an die Mutter denken musste. Und jetzt warf Ballo ihm vor, dass er kein Hemd anhatte. Dabei hatte er das alles doch nur für ihn und die anderen getan.

»Über deine Disziplinlosigkeit reden wir noch.« Ballos Blick ruhte auf Pit. »Denke nicht, dass ich mir das gefallen lasse.«

Pit kreuzte nur die Arme über der Brust. Darauf gäbe es eine Menge zu erwidern, aber er hatte keine Lust, mit Ballo zu streiten, nicht nach einem solchen Tag.

Ballo blickte sich vorsichtig um und ging dann, dicht an den Häusern entlang, vor den Jungen her. Er führte sie durch mehrere Straßen und über einen mit Bäumen und Sträuchern bepflanzten Platz. Mitten auf dem Platz blieb er stehen, sah sich erneut um und setzte sich auf die Rückenlehne einer zwischen hohen Büschen versteckt liegenden Bank.

»Und was machen wir nun?«, fragte Spatz.

»Warten«, sagte Ballo. »Das hier ist der Treffpunkt.«

Die Jungen setzten sich dicht neben Ballo und sahen zu dem vierstöckigen Gebäude hinüber, in dem mehr Lichter brannten als in jedem anderen der wenigen heil gebliebenen Häuser rund um den Platz und das sie alle kannten: Es war das Städtische Krankenhaus.

Es war still auf dem Platz, nur das Zirpen der Grillen im Gras und ein gelegentliches Rascheln in den Büschen war zu hören. Die Spannung wuchs, Spatz spürte sie bis in den Magen. Er hätte es gern gesehen, wenn die Jungen geredet, wenn sie sich über irgendetwas unterhalten hätten, aber keiner hatte Lust dazu, alle sahen sie zu den Lichtern des Krankenhauses hinüber und hingen ihren Gedanken nach.

Dann hörten sie Schritte auf dem Kiesweg. Ein Mann näherte sich ihnen, blieb stehen und winkte. Wie auf Kommando standen Pit, Eule, Spatz und Schonny auf, aber Ballo sagte: »Bleibt hier. Das erledige ich allein.«

Die Jungen hörten Ballo mit dem Mann flüstern, konnten aber nichts verstehen. Dann wurden die Stimmen lauter, Ballo und der Mann stritten miteinander. Ein »Hab dich nicht so!« war zu hören.

Pit spürte, wie Eule zusammenzuckte. »Was ist denn?«, fragte er. Aber Eule antwortete nicht, senkte nur den Kopf.

Eine Gelegenheit

Frau Kagelmann saß im Wohnzimmer und sah immer wieder zu der kleinen Uhr auf dem Kanonenofen hin. Jetzt war es schon halb zehn und Pit war immer noch nicht zurück. Wo konnte er denn so spät noch hingegangen sein? Etwa zu den Eulenbergs? Aber er musste doch auch müde sein, nach einem so anstrengenden Tag. Und warum hatte er nichts gesagt?

Sie stand auf, ging in den Flur, sah in den Spiegel und fuhr sich durchs Haar. Es war ihr anzusehen, dass sie einen schweren Tag hinter sich hatte, aber das nützte nun alles nichts. Sie nahm die Schlüssel, stieg in den vierten Stock hinauf und klingelte bei Eulenbergs.

»Frau Kagelmann?« Frau Eulenberg war im Bad gewesen, um sich für die Nacht fertig zu machen. Als es klingelte, hatte sie sich geärgert: Bernd hatte doch einen Schlüssel dabei; warum musste er klingeln und Dieter aufwecken? Sie hatte sich den Bademantel übergeworfen und war fest entschlossen, Bernd für seine Gedankenlosigkeit auszuschimpfen, zur Tür gegangen. Nun aber stand nicht Bernd, sondern Frau Kagelmann vor der Tür.

Frau Kagelmann entschuldigte sich für die Störung. »Ich dachte, Pit wäre hier.«

»Er war hier«, sagte Frau Eulenberg. »Er hat Bernd abgeholt, um mit ihm bei Ihnen unten Halma zu spielen.«

»Halma?« Frau Kagelmann sah die Frau in der Tür verständnislos an.

Frau Eulenberg dachte nur kurz nach, dann bat sie die Nachbarin herein, führte sie in die Küche und schob ihr einen Stuhl hin. »Machen Sie sich keine Sorgen, bevor die Sperrstunde beginnt, sind die beiden sicher wieder zurück.«

Frau Kagelmann zog ein Taschentuch aus der Tasche und schnäuzte sich. Ihr war zum Weinen zumute. »Da läuft man den ganzen Tag über die Dörfer, um etwas zu essen zu besorgen, und so wird einem das gedankt«, schimpfte sie. »Manchmal würde ich am liebsten alles hinwerfen.«

Frau Eulenberg setzte sich der Nachbarin gegenüber und legte ihr die Hand auf den Arm. »Das kenne ich. Darüber kommt man hinweg.«

Frau Kagelmann sah dankbar auf. »Ich weiß, aber oft wird es mir einfach zu viel. Pit macht, was er will. Rede ich mit ihm, sieht er alles ein, drehe ich mich um, stellt er doch wieder was an.« Sie drehte den Schlüsselbund in den Händen und fragte dann: »Ihr Mann ist doch auch in Gefangenschaft, hören Sie ab und zu von ihm? Von Uli ist schon lange kein Lebenszeichen mehr gekommen.«

»Uns geht es ebenso«, bestätigte Frau Eulenberg. »Mal kommt ein ganzes Jahr kein Brief, dann kommen zwei auf einmal. Und was man dann zu lesen bekommt, ist auch alles andere als lustig.«

Frau Kagelmann nickte bekümmert. Dann erzählte sie, was Uli ihr zuletzt geschrieben hatte. Frau Eulenberg hörte zu, um danach zu berichten, was sie von ihrem Mann erfahren hatte. Es war, als hätten die beiden Frauen nur auf eine solche Gelegenheit gewartet, so viel hatten sie zu erzählen, so viel gab es, was sie bedrückte. Manchmal mussten sie lächeln, so ähnlich waren ihre Sorgen, so sehr glichen sich ihre Ängste. Sie redeten und redeten und unterbrachen sich nur, um auf die Uhr zu schauen.

Dann kam Karin. Sie hatte geschlafen und war aufgewacht, als Dieter, der die Mutter nicht finden konnte, zu weinen begann. Sie legte den Bruder der Mutter in die Arme und setzte sich an den Tisch. Als sie hörte, dass Pit und Eule sich irgendwo in der Nacht herumtrieben, fragte sie, ob Fred schon nach Hause gekommen wäre.

»Nein«, antwortete Frau Eulenberg verlegen. Sie sprach nicht gern über Fred. Sie wusste ja, dass die Leute im Haus keine gute Meinung von ihm hatten.

Frau Kagelmann betrachtete den schlafenden Dieter. »Und wie kommen Sie jetzt so durch? Die Arbeit in den Trümmern wird doch sicher nicht sehr gut bezahlt.«

»Es geht«, antwortete Frau Eulenberg und erzählte, dass sie mit der Frau Ehrlich gesprochen hatte und vom nächsten Monat an zusätzlich die Portiersstelle übernehmen werde. Danach fasste sie Mut und sprach über Fred. »Ich habe Angst, dass er in schlechte Gesellschaft gerät. Die meisten Menschen denken doch nur daran, diese Zeit irgendwie zu überbrücken; wie, ist ihnen egal. Fred redet nach, was sie ihm vorreden. Er will auf nichts verzichten, sagt er.«

»Ich kann ihn verstehen«, erwiderte Frau Kagelmann. »Wir Alten waren es ja, die den Jungen die Welt zerstört haben. Wir haben versagt. Können wir da erwarten, dass sie uns noch glauben?«

Mitmachen – oder nicht?

Im Krankenhaus brannten nur noch wenige Lichter, eines nach dem anderen war erloschen. Die Jungen standen in der Nähe der Ecklaterne, die das Schild mit dem Pfeil und der Aufschrift »Haupteingang« beleuchtete, und schwiegen. Sie wussten nun, um was es ging: Ein Einbruch in das Krankenhaus stand bevor, sie sollten aufpassen, dass die Einbrecher nicht gefasst wurden; sollten Schmiere stehen, wie Ballo das genannt hatte. Sie wussten jetzt Bescheid, aber sie waren ratloser als zuvor.

Ballo wich den Blicken der Jungen aus. Er hatte sich denken können, dass es um einen Einbruch ging, aber er hatte geglaubt, Fred und sein Chef würden in ein Lebensmittellager oder in eine Schnapsfabrik einsteigen. Solche Einbrüche geschahen drei an einem Tag, die nahm einem kaum einer mehr übel. Dass Fred und sein Unbekannter in ein Krankenhaus einbrechen wollten, um Medikamente zu stehlen, damit hatte er nicht gerechnet. Als Fred ihm das sagte, war er enttäuscht gewesen und beleidigt: Dachte Fred etwa, er würde da mitmachen?

Doch noch während er sich das fragte, hatte er schon gewusst: Er musste mitmachen, es gab kein Zurück mehr. Weigerte er sich mitzumachen, musste er den Jungen erklären, warum. Und tat er das, wussten sie, dass alles, was er ihnen zuvor erzählt hatte, nicht stimmte. »In zehn Minuten geht's los«, sagte er deshalb nur. »Jeder von euch bekommt eine Straßenecke zugeteilt. Rührt sich was, schwenkt ihr unter der Laterne die Arme; kommt die Polizei, pfeift ihr und haut ab.«

»Du willst also wirklich mitmachen?«, fragte Pit. Irgendetwas konnte da nicht stimmen. Was hatte ein Einbruch in ein Krankenhaus mit dem Widerstand gegen die Besatzer zu tun? Außerdem hatte Ballo sich anfangs gegen diesen Auftrag gewehrt, es war deutlich zu hören gewesen, wie der Mann »Hab dich nicht so!« zu ihm gesagt hatte. Und jetzt tat er, als wäre er mit allem einverstanden?

»Befehl ist Befehl!«, antwortete Ballo. Doch seine Stimme klang unsicher.

Pit blieb misstrauisch. »Mit wem hast du vorhin eigentlich gesprochen?«

»Das darf ich nicht sagen.« Ballo sah auf seine Uhr.

Pit blickte die anderen an, die genauso unschlüssig waren wie er. »Wenn du nicht sagst, wer dahinter steckt, mache ich nicht mit.«

»Na, dann eben nicht!«, rief Ballo ärgerlich. »Dann lassen wir das Ganze sein, dann seid ihr eben noch nicht reif genug für eine solche Aufgabe.« Wenn Pit sich stur stellte, hatte er einen Grund, die Sache abzublasen, und keiner der Jungen würde je erfahren, auf was er sich da eingelassen hatte.

Die Jungen schwiegen bedrückt. Sie wussten nun immer weniger, was sie tun sollten. Eule war es, der als Erster wieder den Mund aufmachte. »Es war Fred«, sagte er so leise, dass es kaum zu hören war.

Fred? Auf die Idee, dass Eules Bruder hinter dieser Sache steckte, wäre keiner der Jungen gekommen.

»Ich habe seine Stimme erkannt«, erklärte Eule. »Er ...« Er brach ab, schämte sich: Deshalb hatte der große Bruder wissen wollen, wer seine Freunde waren, deshalb war er so freundschaftlich zu ihm gewesen.

Ballo war genauso überrascht wie Pit, Spatz und Schonny. Eules Geständnis brachte ihn in eine dumme Situation. Dass einer wie Fred Verbindungen zum Werwolf hatte, glaubten ihm die Jungen sicher nicht. »Es war eine Generalprobe«, sagte er schnell. »Ich wollte sehen, ob Verlass auf euch ist. Außerdem hätten wir das Geld gut gebrauchen können, eine Organisation braucht immer Geld.« Was er sagte, war zu wenig, es kam nicht an, er spürte das und sagte als Letztes: »Dass die ausgerechnet in ein Krankenhaus einsteigen wollen, konnte ich ja schließlich nicht ahnen.«

Das ungläubige Staunen in den Gesichtern der Jungen machte einer tiefen Bestürzung Platz. »Und warum hast du uns das von Hitler und Bormann erzählt?«, fragte Pit.

»Das habt ihr doch erzählt und nicht ich«, entgegnete Ballo.

Pit war zu enttäuscht, um zornig sein zu können. Das mit Fred war wie eine eiskalte Dusche, er sah Ballo mit neuen Augen – und er sah auch sich und die Jungen mit neuen Augen: Ballos Lüge war auch ihre Lüge; ihnen war oft unbehaglich gewesen, wenn Ballo von seinen Plänen sprach, aber sie hatten ihm geglaubt.

»Dann machen wir also nicht mit?« Spatz wusste noch nicht, ob er erleichtert sein durfte oder nicht. Die Jungen hatten über alles Mögliche geredet, nur wie gefährlich es war, bei einem Einbruch mitzumachen, darüber hatten sie nicht gesprochen.

»Ich mache mit.« Eule sah die anderen nicht an, als er das sagte. »Ich kann Fred doch nicht im Stich lassen.«

Eine Zeit lang sagte keiner etwas, dann nickte Pit betrübt. Es war klar: Eule konnte Fred nicht versetzen und sie durften Eule nicht im Stich lassen.

Auch Schonny nickte stumm. Er dachte ähnlich.

Spatz kämpfte mit sich: Er konnte Eule ja verstehen – aber war es richtig, dass sie sich Eule zuliebe auf eine solche Sache einließen? Und wussten die Jungen überhaupt, wie gefährlich das war, was sie da vorhatten?

Ballo sah zum wiederholten Mal auf seine Uhr. »Wenn wir Fred nicht im Stich lassen wollen, wird es Zeit«, sagte er. Aber nun drängte er nicht mehr, es war ihm egal, wie die Jungen entschieden.

»Du musst ja nicht mitmachen«, sagte Eule zu Spatz. »Wir sind auch ohne dich genug.«

»Ich mache ja mit.« Spatz gab seinen Widerstand auf. Doch er sah die Jungen dabei nicht an, er wusste, dass seine Entscheidung falsch war.

Insulin

Seiler lehnte sich gegen das Krankenhaustor und sah sich um. Als er nichts Auffälliges entdecken konnte, drückte er das Tor einen Spalt weit auf und schlüpfte hinein. Fred folgte ihm – und blieb stehen: In der Pförtnerloge brannte Licht. Hinter dem geschlossenen Fenster der Besucherklappe saß ein älterer Mann und blätterte in einer Zeitschrift.

Seiler schloss das Tor, zog sich die Mütze in die Stirn, lief gebückt unter dem Fenster durch und winkte.

Fred presste den Rücken an die Wand. Der Pförtner! Hatte er sie nicht gehört?

Seiler winkte ungeduldiger. Da nahm Fred all seinen Mut zusammen und lief ebenfalls unter dem Fenster durch.

»Na endlich!«, zischte Seiler. »Denkst du, wir haben die ganze Nacht Zeit?«

»Der Pförtner!«, flüsterte Fred. Doch Seiler war schon im Hof und blickte sich um.

Überall war es dunkel, nur hinter zwei Fenstern war Licht zu sehen.

»Das sind die Nachtschwestern«, erklärte Seiler. Dann lief er über den Hof und machte sich mit einem steifen Draht an einer Tür zu schaffen. Nicht lange und die Tür war offen. Er schaltete seine Taschenlampe ein, sagte Fred, er solle ihm folgen, und ging vorsichtig die Kellertreppe hinunter. Unterhalb der Treppe hielt er sich links, blieb vor einer Tür stehen, gab Fred die Taschenlampe zu halten, zog wieder seinen Draht aus der Hosentasche und öffnete auch diese Tür.

Der Raum hinter der Tür war voller Regale und in allen Regalen lagen Kartons, Päckchen und Schachteln. In der

Mitte des Raumes, direkt unter einem kleinen Fenster, stand ein Schreibtisch.

»Phantastisch!« Seiler richtete den Strahl der Taschenlampe auf einen Karton voller Schachteln, auf denen »Insulin« stand. »Weißt du, was das bringt?«, fragte er. »Vierhundert Mark bar auf die Hand.«

»Für eine Schachtel?«

»Quatsch! Pro Ampulle!« Seiler leuchtete tiefer in das Regal hinein. »Und das hier sind mindestens zweihundert Ampullen.«

Fred rechnete nach und staunte: Für diese paar Schachteln würde Seiler achtzigtausend Mark kassieren! »Was heilt man denn mit Insulin?«

»Die Zuckerkranken brauchen das Zeug«, erklärte Seiler. »Ist die Krankheit fortgeschritten, wird es kritisch, wenn sie es nicht bekommen.«

»Sterben sie dann?«

»Ich glaub schon.« Seiler sagte das kühl, wie nebenbei.

»Und Penicillin?«, fragte Fred. »Haben sie hier unten auch Penicillin?« Damals, als er Scharlach hatte, war er mit Penicillin behandelt worden. Der Arzt hatte gesagt, das Penicillin wäre ein wahres Wundermittel, damit könne man eine Menge Krankheiten heilen.

»Du verlangst zu viel«, antwortete Seiler. »Wenn wir das auch noch finden, sind wir gemachte Leute.«

Fred schwieg.

»Was ist? Hast du wieder deinen Moralischen? Mach dir keine Sorgen, was auf den schwarzen Markt kommt, wird nicht schlecht. Und wer Insulin kauft, braucht es auch.« Seiler rückte den Schreibtisch an die Wand, stieg hinauf und öffnete das kleine Fenster dicht unter der Kellerdecke. »Komm her!«, winkte er. Und als Fred neben ihm stand, sagte er: »Hier bleibst du stehen. Du brauchst weiter nichts zu tun, als die Ohren offen zu halten. Hörst du den verabredeten Pfiff oder irgendwas Verdächtiges, gibst du mir ein Zeichen.« Er stieg vom Tisch und begann, die Schachteln mit dem Insulin in die mitgebrachten Taschen zu tun.

Das kleine Fenster war vergittert. Einen Moment lang fühlte Fred sich eingesperrt. Dann dachte er daran, dass über ihm viele Kranke lagen, so wie er einst in einem der Krankenhausbetten gelegen hatte – und schämte sich. Nie zuvor in seinem Leben hatte er sich so geschämt. Er fragte noch einmal: »Ist wirklich kein Penicillin dabei?«

Seiler leuchtete zu Fred hoch: »Behalte die Straße im Auge und stelle keine dummen Fragen. Wenn was dabei gewesen wäre, hätte ich es gesehen.«

Fred sah auf die Straße hinaus. Was nützte es, Gewissensbisse zu haben? Seiler würde sich durch nichts von dem Diebstahl abhalten lassen, er würde alles mitnehmen, was er gebrauchen konnte. Und ob es nun Penicillin war oder Insulin, was spielte das für eine Rolle?

Schritte! Fred sah zu dem emsig die Regale ausräumenden Mann hinunter und machte: »Pssst!« Sofort schaltete Seiler die Taschenlampe aus. Die Schritte näherten sich dem Fenster, gingen vorüber und verklangen.

»Die Luft ist rein«, flüsterte Fred. Es war Ballo, der am Fenster vorübergegangen war.

»Du bist tüchtiger, als ich dachte«, freute sich Seiler. Dann schaltete er die Taschenlampe wieder ein und arbeitete weiter.

Fred lehnte sich zurück. Seiler war ein Verbrecher, ein richtiger Verbrecher, kein Gelegenheitsganove. Es war ihm egal, was er stahl und was er damit anrichtete; er dachte nur an das Geld, das er dafür bekommen würde ...

Ein Pfiff! Schrill, ängstlich und sehr laut. Fred sprang vom Schreibtisch und wollte aus der Tür. Seiler hielt ihn fest. Er drückte ihm zwei erst zur Hälfte gefüllte Taschen in beide Hände und ergriff mit der linken Hand die beiden vollen. »Du folgst mir«, sagte er. »Was auch passiert, du bleibst dicht hinter mir. Hast du verstanden?«

Fred starrte den Revolver in Seilers rechter Hand an und wagte nicht, sich zu rühren.

»Los!« Seiler stieß Fred mit dem Revolver vorwärts. »Noch haben sie uns nicht.«

Der Schuss

Schonny war es, der gepfiffen hatte und als Erster davongelaufen war. Pit hatte ihn im Scheinwerferlicht des Polizeiautos über die Straße flitzen sehen und war auch losgelaufen, auf Eule zu, der noch immer unter seiner Laterne stand. Er wollte ihn im Vorbeilaufen mit sich ziehen. Eule aber setzte sich nur langsam in Bewegung.

»Auf was wartest du denn?«, schrie Pit.

»Fred?«, fragte Eule voller Angst um den großen Bruder. »Hast du Fred gesehen?«

Pit hatte Fred nicht gesehen, und er hatte auch keine Lust, auf Eules Bruder zu warten. An die Rückseite des Krankenhauses grenzte ein Ruinenfeld, auf diese Ruinen lief er zu.

Wenn es ein Versteck für sie gab, dann dort. Eule lief hinter Pit her, aber er drehte sich immer wieder um. Und als sie die Ruinen erreicht hatten, lief er nicht wie Pit in sie hinein, sondern hockte sich hinter einem Steinquader nieder und spähte zum Krankenhaus zurück.

»Was ist denn?«, rief Pit. »Warum kommste nicht?«

»Da!« Eule streckte die Hand aus. Ein Mann mit einer Mütze auf dem Kopf und zwei Taschen in einer Hand lief auf die Ruinen zu. Und hinter der großen Gestalt lief eine kleine, schmale, nur mit einer Mädchenturnhose bekleidet: Spatz!

Pit wollte rufen, wollte Spatz auf Eule und sich aufmerksam machen, aber sein schon zum Winken erhobener Arm sank schnell wieder herab: Hinter Spatz liefen Polizisten, drei oder vier, genau konnte er das nicht erkennen ...

Der Mann mit den Taschen drehte sich um. »Stehen bleiben oder wir schießen!«, riefen die Polizisten.

Der Mann lief weiter, die Polizisten schossen nicht. Da war ja der Junge zwischen ihnen und dem Mann, den sie verfolgten. Wie leicht konnten sie ihn treffen.

Der Mann mit den Taschen hatte die Ruinen erreicht. Er ging hinter einem Schutthaufen in Deckung, streckte den Arm aus und schoss auf seine Verfolger.

»Weg! Nichts wie weg!« Pit zog Eule am Arm, Eule aber sah nur mit weit aufgerissenen Augen zur Straße hin. »Spatz!«, flüsterte er.

Spatz lag auf dem Pflaster und rührte sich nicht. Hinter ihm war nichts mehr zu sehen, die Polizisten wagten sich nicht weiter vor.

Der Mann mit den Taschen sprang auf und lief genau auf Pit und Eule zu. Die beiden zögerten nicht länger, sie hasteten über die Schuttberge hinweg und zwischen den Häuserresten hindurch. Einmal stolperte Pit und schlug sich das Knie auf, doch er kümmerte sich nicht darum, sondern lief weiter, wurde erst langsamer, als das Ruinenfeld in eine Ebene voller Steinstapel, Schienen und Loren überging. In einem Kreis von Loren versteckt stand ein kleiner schwarzer Pkw.

Nach Luft ringend, ließen sich die beiden Jungen hinter einem der Steinstapel nieder und beobachteten den Wagen, bis sie Kollergeräusche hörten: Der Mann mit den Taschen kam aus den Ruinen. Doch nun konnten sie nicht mehr davonlaufen, sie konnten sich nur klein machen und hoffen, hinter dem Steinstapel nicht gesehen zu werden.

Der Mann sah Pit und Eule nicht. Er lief geradewegs auf das Auto zu, riss eine Tür auf und warf die Taschen hinein. Dann setzte er sich auf den Fahrersitz, startete, schaltete die Scheinwerfer ein und fuhr in schneller Fahrt davon.

Die Wahrheit

Ballo lief durch einsame Straßen. In wenigen Minuten begann die Sperrstunde, es war besser, wenn er vorher zu Hause war. Aber während er lief, zweifelte er: War es richtig zu fliehen? Er hatte gesehen, wie Fred und sein Chef aus dem Tor gelaufen kamen und Fred plötzlich stürzte, liegen blieb und sich festnehmen ließ.

Freds Sturz war ein Trick gewesen. Sein Chef hatte ihn mit dem Revolver bedroht, deshalb hatte er sich fallen lassen ...

Er aber hatte nicht länger gewartet, sondern war losgelaufen, war durch die Straßen gehastet, bis er den Schuss hörte. Da war er stehen geblieben: Was war passiert? Wer hatte geschossen? Freds Chef? Er war weitergelaufen und lief noch immer, aber er wusste nicht mehr, ob das richtig war, und wurde immer langsamer.

Wenn die Jungen nun erwischt worden waren? Dann ließ er sie jetzt im Stich. Dabei nutzte ihm sein Fortlaufen nicht einmal etwas, denn selbst wenn die Polizisten keinen der Jungen festgenommen hatten, so hatten sie doch Fred und Fred würde aussagen, würde alle Namen nennen. Es konnte sein, dass die Polizei noch in dieser Nacht bei ihm klingelte. Oder früh am Morgen, bevor die Mutter zur Arbeit ging.

Ballo wurde noch langsamer. Die Gedanken in seinem Kopf ordneten sich. Er musste mit der Mutter reden, musste ihr alles erzählen. Vielleicht war es das Beste, wenn er selbst zur Polizei ging und sich stellte. Dann konnte ihm wenigstens niemand Feigheit vorwerfen.

Die Haustür war bereits verschlossen. Ballo zog seinen Schlüssel aus der Hosentasche und schloss die schwere, in ihren Angeln quietschende Tür auf und wieder zu. Er ging über die dunklen Höfe, betrat den Seitenaufgang und schloss die Wohnungstür auf.

In der Wohnung war alles ruhig, nur in Mutters Zimmer brannte Licht. Vorsichtig näherte sich Ballo dem Lichtschein, der zwischen Tür und Diele hindurchdrang.

»Bist du's, Herbert?«

Die Mutter war nicht allein, Paule war bei ihr. Ballo hörte es an ihrer Stimme. Er ballte die Fäuste: Immer war dieser Paule bei ihr! Sogar jetzt, in dieser Nacht, in der er die Mutter so dringend benötigte. »Komm raus!«, rief er. »Ich muss mit dir reden.«

Im Zimmer der Mutter blieb es still. »Nicht jetzt, nicht heute«, sagte die Mutter nach einiger Zeit. »Morgen, Herbert! Geh jetzt schlafen und störe die Leute nicht.«

»Die Leute! Die Leute!«, schrie Ballo und trommelte mit den Fäusten an die Tür. Er brauchte die Mutter sofort, nicht erst morgen. Sie sollte rauskommen und mit ihm reden.

Die Mutter kam. Im Morgenrock stand sie in der Tür und sah ihn von oben bis unten an. Dann ging sie an ihm vorbei in die Küche.

Ballo sagte der Mutter alles, ließ nichts aus, nicht das von der Organisation, nicht den Einbruch, nicht den Schuss, den er gehört hatte, auch nicht seinen Plan, sich der Polizei zu stellen, bevor sie kam, um ihn zu holen.

Die Mutter vergrub die Hände in den Taschen ihres Morgenrocks.

»Warum hast du das getan?«, fragte sie mit heiserer Stimme. »Wer hat dir aufgetragen, eine solche Organisation zu gründen? Hast du es für Vater getan?« Sie sah Ballo ins Gesicht. »Dein Vater hätte sich niemals gegen die Besatzer aufgelehnt. Er war ein Nazi, weil die Nazis gerade an der Macht waren; er hat die Parolen der anderen für seine Meinung ausgegeben, um was zu werden. Er hätte auch das Gegenteil behauptet, wenn ihm das mehr eingebracht hätte.«

Was sagte die Mutter da? »Das ist doch überhaupt nicht wahr«, verteidigte Ballo den Vater. »Das hast du dir ausgedacht.«

»Es ist wahr!« Die Mutter trat vor Ballo hin und zog ihn an sich. »Geh nicht zur Polizei. Warte ab, was geschieht. Dein

Vater war kein Held; du musst nicht versuchen, einer zu werden.«

Ballo riss sich los. »Ist dein Paule etwa ein Held?«

»Nein«, antwortete die Mutter. »Er ist etwas viel Wichtigeres, er ist ein guter Mensch.«

»Ein guter Mensch!«, höhnte Ballo. »Hat im Gefängnis gesessen und legt sich nun ins gemachte Bett, der gute Mensch!«

»Er hat bei den Nazis im Gefängnis gesessen, weil er den Mund nicht halten konnte.« Die Mutter blieb ruhig. »Das war nicht heldenhaft, aber immerhin! Und was das gemachte Bett betrifft: Er hat sich nicht ungebeten dort hineingelegt. Ich habe ihn gern und werde ihn heiraten.«

Ballo starrte die Mutter zwei, drei Sekunden lang an, dann wollte er aus der Tür. Die Mutter war schneller und hielt ihn fest. »Wo willst du hin?«

»Weg!«, schrie Ballo. »Weg!«

»Du musst versuchen, mich zu verstehen«, bat die Mutter. »Das Leben geht weiter, wir haben eine neue Zeit, wir … Quäl dich doch nicht so! Paule mag dich, er würde sich gerne einmal richtig mit dir unterhalten.«

Ballo wollte die Mutter beiseite drängen, aber die Mutter ließ ihn nicht los. »Geh nicht zur Polizei! Der Vater ein Verbrecher, der Sohn ein Verbrecher, wird es heißen.«

»Vater war doch kein Verbrecher«, schrie Ballo. »Nun mach ihn doch nicht auch noch zum Verbrecher!«

»Er war ein Verbrecher.« Die Mutter ließ Ballo los und hockte sich auf den Kohlenkasten. »Ich habe es dir nicht gesagt, weil ich dir nicht wehtun wollte, aber sie haben es mir bewiesen, haben mir Dokumente gezeigt, aus denen hervorging, dass er nicht einfach nur irgendein SS-Mann war … Ich habe die Namen der Menschen gelesen, die er seiner Karriere geopfert hat; es waren viele, viel zu viele! Ob jemand einen Juden versteckte oder einen politischen Witz erzählte – wenn er davon erfuhr, wurde derjenige verhaftet und ins KZ gebracht ...«

Die Mutter sagte die Wahrheit. Ballo spürte es. Dennoch: Es durfte einfach nicht wahr sein!

»Die nach dem Krieg aus den Konzentrationslagern Zurückgekehrten haben über ihn berichtet. Er muss das befürchtet haben, deshalb hat er sich erhängt – am ersten Tag des Friedens.«

Erhängt? Der Vater war nicht bei der Verteidigung Berlins gefallen? Ballo starrte seine Mutter an, als müsse sie jeden Augenblick widerrufen, was sie da eben gesagt hatte. Aber die Mutter sah ihn nur traurig an und sagte: »Vielleicht verstehst du mich jetzt. Ich kann ihn nicht länger verteidigen. Und ich kann dich nicht länger belügen.«

Im Treppenhaus

Frau Kagelmann hielt die Tasse mit dem Muckefuck in beiden Händen und sah zur Uhr. Nun war es bereits nach Mitternacht und die beiden Jungen waren noch immer nicht nach Hause gekommen. »Wo sie nur bleiben?«, fragte sie besorgt. »Sie dürfen sich doch während der Sperrstunde nirgends aufhalten.«

»Ich versteh das auch nicht«, seufzte Frau Eulenberg. »Und nachts in den Trümmern – das ist doch viel zu gefährlich.«

Karin hob den Kopf. Sie war am Tisch eingeschlafen und

bekam die Augen nur mit Mühe auf. »Ist Fred inzwischen gekommen?«, fragte sie. Und als die Mutter verneinte, vermutete sie: »Vielleicht sind die drei zusammen weg?«

»Das glaube ich nicht«, meinte die Mutter. »Fred und die beiden Jungen? Die haben doch nichts miteinander zu schaffen.«

Frau Kagelmann trank ihre Tasse leer und bedankte sich. »Ich werde jetzt gehen«, sagte sie. »Bevor die Sperrstunde vorüber ist, können wir doch nichts tun. Sollten die beiden bis zum Morgen nicht zurück sein, gehen wir am besten zur Polizei.«

»Sie haben Recht, es hat keinen Sinn, länger aufzubleiben.« Frau Eulenberg ging mit zur Tür und schaltete im Treppenhaus das Licht ein. Dann sagte sie: »Bevor ich zur Arbeit gehe, klingele ich bei Ihnen – falls die beiden dann tatsächlich noch nicht zurück sind.«

Frau Kagelmann nickte und begann die Treppen hinabzusteigen, blieb aber bald stehen. Auf dem Treppenabsatz vor ihrer Wohnung saß ein Mann – ein Mann in Uniformjacke und einer für diese Zeit viel zu warmen Wattehose. Den Kopf mit der speckigen Mütze hatte er an die Wand gelehnt.

Frau Kagelmann sah den Mann nur von hinten und zögerte. Es passierte so viel in diesen Tagen, es gab so viele Obdachlose, Flüchtlinge und Ausgebombte, und sie war mit diesem Mann mitten in der Nacht allein. Sollte sie nicht lieber zu Frau Eulenberg zurückgehen?

Das Licht! Es hatte sich ausgeschaltet. Vorsichtig machte Frau Kagelmann einen Schritt rückwärts.

Die Stufe knarrte. Sie hörte den Mann aufspringen und das Licht einschalten – und dann starrte der magere, unrasierte Mann sie an.

»Uli?« Es war Uli, ihr Uli!

Erst als sie die Arme um ihren Sohn geschlungen hatte und ihr Gesicht an seine Wange presste, weinte Frau Kagelmann. Ihr war, als löse sich etwas in ihr, etwas, das sie vergessen hatte, weil es schon viel zu lange in ihr war.

»Ist ja gut, Mutti! Ist ja gut«, sagte Uli. Dabei konnte auch er die Tränen nicht zurückhalten.

Dann ging das Licht erneut aus und die beiden standen im Dunkeln. Uli hätte nur die Hand ausstrecken brauchen, um das Licht wieder einzuschalten, aber er streckte die Hand nicht aus.

Frau Kagelmann war es, die dann das Licht wieder einschaltete. Sie war neugierig geworden, wollte ihrem Sohn ins Gesicht schauen, wollte Vertrautes wieder entdecken, Veränderungen feststellen.

»Willst du mich nicht reinlassen?« Ihr Blick machte ihn verlegen.

Frau Kagelmann strich ihrem Sohn übers Gesicht und schloss die Wohnungstür auf. »Gestern haben wir dir noch geschrieben ... Und nun bist du da. Es ist wie im Traum.«

Uli nahm den kleinen Sack auf, in dem all seine Habe verstaut war und der ihm während der Fahrten in den vielen verschiedenen Eisenbahnwaggons als Kopfkissen und Sitzgelegenheit gedient hatte. »Dass Pit mich nicht gehört hat!«, wunderte er sich. »Kurz vor elf bin ich gekommen, seitdem habe ich alle zehn Minuten geklingelt, aber nichts hat sich gerührt.«

»Ach, Pit!« Die Mutter ging durch den dunklen Flur in die Küche, um dort das Licht einzuschalten, und erzählte, dass Pit überhaupt noch nicht nach Hause gekommen war. »Er ist mit seinem Freund Bernd unterwegs, mitten in der Nacht und noch dazu während der Sperrstunde!«

Uli stellte den Sack in der Küche ab, setzte sich an den Tisch, hörte der Mutter zu und sah sich um. Es hatte sich kaum was verändert in der Küche, alles war an seinem Platz, sogar der Geruch war der alte geblieben. Das war angenehm, das machte müde. All die Anspannung der letzten Tage fiel von ihm ab, all die fremden Länder, durch die er als Soldat und als Gefangener gezogen war, all die fremden Menschen, unter denen er gelebt hatte, verwandelten sich in eine tiefe Müdigkeit. Er legte die Arme auf den Tisch, den Kopf obendrauf und schlief ein.

Durch die Nacht

Pit und Eule gingen durch Stadtteile, die sie nie zuvor gesehen hatten, Ruinen und heil gebliebene Häuser lösten einander ab. Es war eine düstere und immer noch schwüle Nacht, durch die sie wanderten, und es war längst Sperrstundenzeit. Sie mussten sich vorsehen, wollten sie nicht von einer Militärstreife aufgegriffen werden. Deshalb hielten sie sich im Schatten der Häuser und Ruinen und blieben dicht beieinander.

Einmal näherte sich ihnen ein langsam fahrender amerikanischer Jeep. Die Amis unterhielten sich und lachten. Es schien ihnen Spaß zu machen, die nächtliche Stadt für sich allein zu haben. Pit und Eule drängten sich in eine Haustürnische und warteten, bis der Jeep in eine Seitenstraße eingebogen war, dann gingen sie weiter und standen plötzlich vor einem Barackenlager.

Leise schlichen sie sich an den Wellblechbuden vorüber. Ein Kind schrie und eine aus dem Schlaf geschreckte Frau schimpfte es aus. Es war weithin zu hören. Pit musste daran denken, wie viele Menschen im Winter in diesen Baracken erfroren und verhungert waren und dass eine Flüchtlingsfrau eines Nachts an der Blechwand, neben der sie schlief, richtig festgefroren war.

Hinter dem Barackenlager lag ein riesiger, teilweise erhalten gebliebener Platz: der Alexanderplatz. Pit und Eule kannten sich wieder aus, aber sie wagten nicht, den stillen, von Straßenbahnschienen in Dreiecke geteilten Platz zu überqueren. Sie schlugen einen Bogen und gingen durch mehrere enge Straßen, bis sie auf einem ehemaligen Hinterhof einen Doppelstockbus sahen, der nicht auf Rädern, sondern auf übereinander geschichteten Steinen stand.

Die beiden Jungen blieben stehen. Der Bus war ein gutes Versteck – wenn er unbewohnt war. Vorsichtig gingen sie weiter – und blieben wieder stehen: Vor dem Bus standen Männer, die rauchten und miteinander flüsterten. Pit wollte weg, machte eine hastige Bewegung, stolperte und stürzte.

Die Männer liefen auseinander. Es dauerte nur Sekunden und keiner von ihnen war mehr zu sehen. Pit und Eule interessierte der Bus nicht mehr, sie machten, dass sie fortkamen. Erst liefen, dann gingen sie durch die wie ausgestorben daliegenden Straßen hinter dem Alexanderplatz. Bis es nicht mehr weiterging, bis sie am Ufer der Spree standen. Die Brücke rechts von ihnen war zerbombt, die nächste mehrere hundert Meter weit entfernt. Sie ließen sich auf dem abschüssigen Ufergelände nieder und starrten auf die matt glänzende Oberfläche des tintenschwarzen Wassers, das rhythmisch an die Steine schlug.

»Und wenn Spatz nun gar nicht tot ist?«, fragte Eule. »Vielleicht ist er nur verletzt?«

Pit nahm ein paar kleine Steine und warf einen nach dem anderen ins Wasser. Er wartete das letzte Plumpsen ab und sagte dann: »Ich glaube nicht, dass er tot ist. Das wäre zu gemein. Er hat ja gar nicht richtig mitmachen wollen.«

Eule erwiderte nichts. Dass Pit und Spatz und auch Ballo und Schonny zum Schluss doch noch mitgemacht hatten, daran trug er die Schuld, er ganz allein ...

Pit warf weitere Steinchen ins Wasser und beobachtete die Kreise auf der Wasseroberfläche, die sich zum Ufer hin ausbreiteten.

»Ob sie Fred erwischt haben?« Eule versuchte, in Pits Gesicht zu lesen, aber es war zu dunkel, mehr als Umrisse konnte er nicht erkennen.

Pit wusste keine Antwort, deshalb zuckte er nur die Achseln.

Die Kreise auf der Wasseroberfläche vermehrten sich, doch sie rührten nicht von Pits Steinen her, es hatte zu regnen begonnen. Und dann zuckte ein Blitz über den Himmel. »Ein Gewitter!« Pit stand auf. »Wir müssen uns unterstellen.«

»Gehen wir nach Hause«, schlug Eule vor. Aber Pit ging nicht darauf ein. Er hatte vorhin eine überdachte Straßenbahnhaltestelle gesehen, auf die lief er zu.

Der Regen wurde zum Wolkenguss, triefend vor Nässe erreichten die beiden Jungen die Wartehalle. Sie zogen ihre Hemden aus, wrangen sie halbwegs trocken und legten sie sich über die Schultern. Dann setzten sie sich auf das Pflaster und sahen in den prasselnden Regen hinaus. »Hier können wir nicht bleiben«, meinte Pit nach einiger Zeit. »Irgendwann kommt eine Streife und nimmt uns fest.«

»Gehn wir nach Hause«, sagte Eule wieder. Doch Pit wollte immer noch nichts davon hören. Er überlegte und schlug vor, in Ballos Hauptquartier hinabzusteigen.

»Ich weiß nicht ...« Eule wäre jetzt zwar gern in dem trockenen Raum mit den weichen Sesseln gewesen, aber der Gedanke, mitten in der Nacht durch die Keller und den Tunnel zu müssen, behagte ihm nicht. »Meine Mutter macht sich bestimmt schon Sorgen.«

»Denkste, meine nicht?«, fragte Pit. Und dann: »Was willste zu Hause denn erzählen? Willst du alles sagen? Das von dem Krankenhaus und auch, was mit Spatz passiert ist?« Er zog sich das Hemd über den Kopf und blickte ernst geradeaus. »Mach, was du willst, ich jedenfalls lasse mich bei meiner Mutter vorläufig nicht blicken.«

Schwarze Wände

Pit kniete auf der Kellertreppe und suchte Ballos Taschenlampe. Doch so viel Schutt er auch beiseite räumte, er konnte die Taschenlampe nicht finden. Schließlich gab er die Suche auf. »Entweder ist er unten oder er hat sie woanders versteckt.«

»Ballo?«, fragte Eule. »Mitten in der Nacht?«

»Warum nicht? Wir sind ja auch hier.« Pit öffnete die Tür zum Keller und lauschte. Es war nichts zu hören, aber wenn in einer Ecke des Kellers jemand stand und sich nicht rührte, konnte er lauschen, so viel er wollte, er würde nichts hören. Und in den Trümmern trieben sich oft Gestalten herum, die nicht gerade Vertrauen erweckend aussahen.

»Lieber nicht«, bat Eule. Sein Hals war plötzlich ganz trocken: Die Finsternis hinter der Tür war wie eine schwarze Wand.

Pit zögerte, aber dann sagte er: »Wir kennen ja den Weg. Und unten sind Kerzen. Wo sollen wir denn sonst hin?« Er streckte einen Fuß und beide Hände aus und schob sich langsam vorwärts.

Eule ging hinter Pit her und blieb dabei so dicht an ihm dran, dass er jedes Mal, wenn Pit hielt, um zu lauschen, gegen seinen Rücken stieß. Dann aber hatten sie die gegenüberliegende Wand erreicht, und Pit tastete sich an ihr entlang, bis er die Tür zum nächsten Keller gefunden hatte.

Hinter der schweren, in ihren Angeln quietschenden Tür war eine neue und, wie es Eule schien, noch schwärzere Finsternis. Und hinter der nächsten Tür wieder eine. Erst als Pit und er das Viereck mit der kleinen Birke erreicht hatten, wurde es ein wenig heller um sie.

»Das Blech ist weg!«

Pit suchte auf dem nassen, glitschigen Steingrund nach der Luke, fand sie, schob die Fingerspitzen unter den Metalldeckel und hob ihn hoch.

»Vielleicht war jemand hier?« Eule fröstelte es.

»Wenn jemand hier war, dann nur Ballo«, antwortete Pit. Er kniete sich hin und lauschte in den Tunnel hinein. Aber alles, was er hörte, war das Rauschen des Regens. Da stieg er durch die Luke, reichte Eule die Hand und kroch vor ihm her durch den Tunnel.

Sie krochen und krochen, und einmal glaubten sie, ein Geräusch gehört zu haben. Eng aneinander gepresst, lauschten sie, doch es war nichts zu hören. Mit der Hand an der Tunneldecke, um die Ausstiegsluke nicht zu verpassen, kroch Pit weiter – bis er plötzlich aufschrie.

»Was ist denn?« Eule war zurückgezuckt.

»Ich habe die Luke«, sagte Pit. Und dann entschuldigte er seinen Schrei. »Ich habe auf was Lebendiges gefasst, eine Spinne oder so.«

Eule stieß die Luft aus, sein Herz klopfte heftig. Pit stemmte sich mit den Schultern gegen den Deckel, drückte ihn hoch und steckte den Kopf durch die Öffnung.

In dem dunklen Flur über den Jungen war es still, vorsichtig krochen sie aus der Luke und tasteten sich Hand in Hand vorwärts. Pit wusste die Richtung, in die sie gehen mussten, aber welche der vier Türen, die sie ohne Taschenlampe nicht einmal sehen konnten, zu dem großen Raum mit den Sesseln führte, wusste er nicht. Er öffnete eine der Türen und lauschte mit angehaltenem Atem in den Raum hinein.

Dann ließ er Eules Hand los, ging in den Raum hinein, stieß gegen etwas Hartes, blieb stehen und fuhr mit der Hand an dem Gegenstand entlang. Ein Schreibtisch! Also war es nicht der große Raum. Vorsichtig tastete er sich zu Eule zurück.

Eule nahm Pits Hand. »Lass uns lieber zusammenbleiben«, flüsterte er.

Eine neue Tür. Pit machte vier Schritte vorwärts und tastete, ohne Eule loszulassen, mit der freien Hand in der Finsternis herum.

Wieder ein Schreibtisch, wieder nicht der richtige Raum. Die nächste Tür – dasselbe.

Dann endlich: Kein Schreibtisch! »Das ist er!«, freute sich Pit.

Eule hielt Pits Hand fest. Dieser Raum schien ihm nicht nur

größer, sondern auch wärmer; so, als ob sich erst vor kurzem jemand hier aufgehalten hatte.

»Haste was gehört?«

»Ich weiß nicht.« Eule lauschte. Da! Als ob jemand atmete ...

Nun hatte Pit es auch gehört. »Ist da wer?«, fragte er mit vor Angst fast versagender Stimme.

Als Antwort leuchtete eine Taschenlampe auf und strahlte Eule an. Der Lichtschein traf ihn so plötzlich und grell, dass er die Augen schließen musste. Als er die Augen wieder öffnete, sah er den Schein der Taschenlampe an Pit emporgleiten, bis der Lichtkegel in Pits Gesicht Halt machte.

Pits Gesicht war schmutzig und verschmiert, seine feuchten, in der Stirn klebenden Haare und die angstgeweiteten Augen verliehen ihm ein fremdes Aussehen. »Ballo?«, fragte er leise.

»Wer denn sonst?« Ballo schaltete die Taschenlampe aus und zündete eine Kerze an. Und dann sagte er: »Alle Achtung! Das hätte ich euch gar nicht zugetraut.«

Die Flüsterstraße

Frau Kagelmann stand am Fenster und sah auf die morgendliche Straße hinaus. Sie hatte nicht geschlafen, sondern den Rest der Nacht angezogen auf dem Bett gelegen und gewartet. Kurz nach Mitternacht hatte es zu gewittern begonnen, anfangs nur schwach, später immer heftiger und bedrohlicher. Sie hatte sich gesorgt, hatte sich alle möglichen Situationen und Gefahren vorgestellt, in die die beiden Jungen geraten sein könnten, und war schließlich aufgestanden, um aus dem Fenster zu schauen.

Gegen Morgen war das Gewitter dem Sonnenschein gewichen, und jetzt lag die Straße da, als hätte es nie ein Gewitter gegeben. Pit aber war noch immer nicht aufgetaucht. Wenn ihm nichts passiert war und er wieder zurückkam, würde sich einiges ändern. Sie musste strenger zu ihm sein und auch Uli würde sich um den jüngeren Bruder kümmern müssen.

Ob sie einmal zu Uli hineinschauen durfte? Leise näherte sich Frau Kagelmann der Tür zu Ulis Zimmer und drückte vorsichtig die Klinke herunter.

Das Gewitter hatte die Pappe vor dem Fenster aufgeweicht, ein Stück hing herunter, grelles, unbarmherziges Tageslicht drang in das kleine Zimmer und fiel auf Ulis Bett.

War das Uli, ihr Uli? In der Nacht hatte er nur müde ausgesehen, jetzt sah er grau und verfallen aus: Da lag kein junger, gerade zwanzigjähriger Bursche, da lag ein Mann von unbestimmtem Alter.

Frau Kagelmann ging an ihrem fest schlafenden Sohn vorüber zum Fenster, bog die aufgeweichte Pappe so, dass das Licht nicht direkt auf das Bett fiel, und verließ das Zimmer wieder.

Sie musste etwas zu essen besorgen; sie musste unbedingt etwas zu essen besorgen! Wenn Uli aufwachte, musste sie ihm etwas vorsetzen können. Wie sollte er sonst je wieder zu Kräften kommen? Frau Kagelmann dachte daran, dass sie Pit versprochen hatte, zum Brandenburger Tor zu gehen. Sie kniete sich vor den Kleiderschrank hin und suchte die Uhr. Als sie sie hatte, nahm sie das Foto heraus und legte es zurück. Dann zog sie sich die Straßenschuhe an und eine Jacke über und verließ die Wohnung. Doch sie ging die Treppe nicht hinab, sie ging sie erst einmal hinauf. Sie musste ihr Vorhaben mit Frau Eulenberg besprechen.

Frau Eulenberg hatte auch nicht schlafen können. Übernächtigt, aber schon in Arbeitskleidung stand sie in der Tür. Frau Kagelmann berichtete über Ulis Heimkehr und sagte, dass sie etwas zu essen für ihn besorgen müsse. Ob Frau Eulenberg nicht allein zur Polizei gehen könne? Sie könnte ja Karin mitnehmen und dann zu ihr schicken, damit sie erfuhr, was die auf dem Revier gesagt hatten.

»Aber natürlich!« Frau Eulenberg war sofort einverstanden. Die Nachricht von Ulis Heimkehr machte ihr Hoffnung: Wenn der Uli Kagelmann zurück war, bestand Aussicht, dass vielleicht auch ihr Mann bald aus der Gefangenschaft entlassen wurde.

Es war nicht weit zum Brandenburger Tor. Frau Kagelmann beeilte sich trotzdem; ihr war, als hätte sie die Zeit, die sie sich für diesen Gang genommen hatte, gestohlen: Es konnte ja jemand kommen, der etwas über Pit berichten wollte, und dann war sie nicht da.

Der schwarze Markt lag in einer Seitenstraße, die sich von all den anderen heil gebliebenen Straßen ringsherum nur darin unterschied, dass sie belebter war. Frauen, Männer und junge Burschen gingen in ihr auf und ab und murmelten dabei ständig etwas vor sich hin, was sich wie Selbstgespräche anhörte. Doch sie sprachen nicht mit sich selbst, ihre Augen blickten wach und fragend. Ging ein Entgegenkommender näher heran, hörte er, dass ihm ein Angebot gemacht wurde. »Leberwurst, frisch vom Land!«, flüsterte da ein älterer Mann und ein junger Bursche hatte »Nylons! Echt amerikanische Nylonstrümpfe mit Naht« anzubieten. Eine Frau bot »Rasierklingen, extra fein«, eine andere »Meißner Porzellan, Tassen, Teller, Untertassen« an.

Frau Kagelmann kannte die Regeln des schwarzen Marktes, dennoch hatte sie Hemmungen, es den anderen gleichzutun. Sie benötigte jedes Mal eine Anlaufzeit.

Ein Kriegsinvalide ohne Beine, der auf einem Brett mit Rollen hockte und sich mit den behandschuhten Händen vom Pflaster abstieß, hielt vor Frau Kagelmann. »Brauchen Sie wieder Garn?«, fragte er. Er hatte in ihr eine ehemalige Kundin erkannt.

»Diesmal nicht«, antwortete Frau Kagelmann. »Diesmal brauch ich was zu essen. Mein Sohn ist heimgekehrt.«

»Gesund?«, fragte der Mann, der zu Frau Kagelmann aufschauen musste.

»Ich glaube, ja.«

»Herzlichen Glückwunsch!« Der Invalide rollte weiter. »Und wenn Sie mal wieder Garn brauchen, Sie wissen ja!«

Frau Kagelmann sah dem Mann auf seinem Brett nach. Das hätte Uli auch passieren können. Sie durfte sich wirklich nicht beschweren.

»Eine Uhr! Eine silberne Spieluhr!« Frau Kagelmann begann nun ebenfalls zu flüstern. Der freundliche Invalide hatte ihr Mut gemacht. Und sie hatte Erfolg. Ein junger Mann mit einem ein wenig zu großen Hut auf dem Kopf machte sich an sie heran. »Zeigen«, sagte er.

Frau Kagelmann ging in einen Hausflur, holte die Uhr heraus und zeigte sie dem jungen Mann. Aber als er danach greifen wollte, zog sie sie wieder zurück. »So nicht! Womit zahlen Sie?«

»Zigaretten.« Der junge Mann öffnete seine Jacke: In seinem Hosenbund steckte eine Stange amerikanischer Zigaretten.

Frau Kagelmann blieb misstrauisch. Sie hielt dem Mann die Uhr wieder hin, wickelte sich aber die Kette um die Hand, damit er ihr die Uhr nicht entreißen konnte.

Der junge Mann besah sich die Uhr. »Hundert«, sagte er dann.

»Hundert was?«

»Hundert Zigaretten. Fünf Päckchen. Eine halbe Stange!«

Frau Kagelmann ließ sich die Zigaretten geben und verstaute die Päckchen einzeln in ihrer Bluse. Erst dann gab sie dem jungen Mann die Uhr.

Der junge Mann zog sie auf und hielt sie an sein Ohr. »Eine Erinnerung an Ihren Mann?«, fragte er. Und als Frau Kagelmann nickte, schob er sich den Hut ins Genick und grinste. »Wenn Sie sie wiederhaben wollen – Preis: Eine Stange Amis.«

Frau Kagelmann erwiderte nichts. Sie verließ den Hausflur und ging weiter die Straße entlang. Was jetzt noch kam, war leicht. Zigaretten waren die beste Währung, Zigaretten nahm einem jeder ab und man konnte sie päckchen- oder stückweise eintauschen.

Es dauerte nicht lange und Frau Kagelmann besaß anstelle der fünf Päckchen Zigaretten ein halbes Pfund Trockengemüse, ein Pfund Graupen, ein halbes Brot, ein Glas Marmelade und ein viertel Pfund Trockenmilch. Sie wusste nicht, ob sie für die Uhr und danach für die fünf Päckchen mehr hätte herausschlagen können, aber das wusste sie nie, wenn sie den schwarzen Markt verließ, deshalb war sie zufrieden. Doch sie hatte die Flüsterstraße noch nicht verlassen, als ein Pfiff ertönte und drei Jungen an ihr vorbeiliefen und »Razzia!« schrien.

Polizei! Wenn die fanden, was sie bei sich trug, würden sie es ihr abnehmen. Frau Kagelmann schaltete schnell: Zum Fortlaufen war sie nicht flink genug, also musste sie sich verstecken. Ganz langsam, als gingen sie die fliehenden Schwarzhändler, die in immer größerer Anzahl an ihr vorüberliefen, nichts an, steuerte sie auf einen der Hauseingänge zu und betrat den Hausflur. Durch den Flur gelangte sie auf den Hof und stieg dort die Kellertreppe hinab. Es war dunkel in dem Keller, aber sie machte kein Licht. Sie tastete sich bis an das Ende des Kellerganges und lehnte sich an einen der Holzverschläge.

Nun hieß es warten.

Etwas ist passiert

Schonny schlief bis in den Vormittag hinein und erwachte erst, als er den Vater husten hörte. Er stand aber nicht gleich auf, sondern legte nur den Kopf zurück und schloss noch einmal die Augen. Dann öffnete er die Augen wieder: Die Nacht! Das Krankenhaus! Die Polizei! Er hatte die hinter ihm liegende Nacht vergessen, so fest hatte er geschlafen. Doch jetzt war alles wieder da, die Dunkelheit, das Warten an der Straßenecke, die Flucht nach Hause. Hatten Pit, Ballo, Spatz und Eule ebenfalls weglaufen können? Er setzte sich auf und sah zum Vater hin. Der Vater schlief noch, er hatte gestern Abend wieder viel getrunken.

Leise stand Schonny auf und ging in die Küche. Auf dem Tisch lag ein Zettel: »Ein Stück Brot, mehr nicht! Kuss. Mutter.«

Er wusch sich, trank Wasser aus der Leitung, nahm seinen Brotkanten und ging auf die Straße. Der Regen hatte die Stadt gewaschen, die Sonne strahlte auf die noch feuchten Straßen herab und spiegelte sich in den Pfützen wider. Schonny biss in seinen Brotkanten und grinste vergnügt. Heute würden sie sich was zu erzählen haben, das stand fest.

Da war das Haus, in dem Spatz wohnte. Die linke Hälfte war weggerissen, die rechte stand noch. Und dort, im zweiten Stock, war das Fenster der Sperlings. Schonny steckte zwei Finger in den Mund, pfiff und wartete. Dann pfiff er ein zweites Mal, diesmal noch lauter, noch durchdringender, und wartete wieder. Doch das Fenster der Sperlings blieb ungeöffnet.

Schonny überlegte nicht lange. Er betrat das Treppenhaus, stieg in den zweiten Stock hoch und klingelte. Die Tür wurde geöffnet und Schonny sah in Frau Sperlings blasses Gesicht.

Es war etwas passiert, etwas, was mit gestern Nacht zusammenhing. Das sah Schonny sofort. Deshalb wäre er am liebsten gleich wieder gegangen, doch Frau Sperlings trauriger Blick hielt ihn fest. Und dann winkte sie ihn herein und ging vor ihm her durch den dunklen, mit Möbeln voll gestellten Flur. Im Wohnzimmer setzte sie sich an den Tisch. Ein Formular, ein Federhalter und die Brille lagen vor ihr. Sie setzte die Brille auf, tauchte den Federhalter in ein Fass Tinte und trug etwas in das Formular ein.

»Bist du gekommen, um mir etwas zu sagen?«, fragte sie, ohne aufzusehen.

Etwas sagen? Schonny war verwirrt.

»Wo ist Spatz?«, fragte er anstelle einer Antwort.

»Im Krankenhaus.« Frau Sperling wandte keinen Blick von dem Formular. »Man hat ihm die Hüfte zerschossen.«

Die Hüfte ... zerschossen? Schonny dachte, er hätte sich verhört, aber dann nahm Frau Sperling die Brille ab und wischte sich die Tränen aus den Augen. »Du warst doch auch dabei«, sagte sie. »Ihr seid doch alle dabei gewesen: der Ballwitz, der Kagelmann und von den Eulenbergs gleich zwei. Ihr habt ihn doch überredet mitzumachen.« Sie setzte sich die Brille wieder auf. »Ihr hättet sehen sollen, was ihr angerichtet habt. Ihr hättet ihn in seinem Bett liegen sehen sollen.«

Schonny stand da und wagte nicht aufzublicken.

»Geh zu den anderen«, sagte Frau Sperling da. »Geh zu ihnen und sag ihnen, dass der Joachim vielleicht nie wieder richtig laufen kann. Und sage ihnen auch, dass ich nicht will, dass einer von euch ihn im Krankenhaus besucht.«

»Aber ...«

»Kein Aber! Ich will, dass ihr ihn in Ruhe lasst. Er ist nicht wie ihr. Immer wieder wird er es sein, der den Kopf hinhalten muss, immer wieder er!« Frau Sperling legte die Hände vors Gesicht und begann zu schluchzen.

Schonny drehte sich um und ging. Er ging durch den Flur, öffnete geräuschlos die Wohnungstür und schloss sie ebenso leise. Erst im Treppenhaus begann er zu laufen. Er musste zu Pit und Eule, musste wissen, was passiert war. Es musste was Furchtbares sein, was ganz Furchtbares ...

In der Rügener Straße angelangt, lief Schonny in die Nr. 14 hinein und hastete in den ersten Stock hoch. Doch bevor er den Klingelknopf drücken konnte, wurde die Tür schon aufgerissen: Pits Mutter stand in der Tür. Sie war gerade dabei gewesen, sich die Schuhe auszuziehen, einen hielt sie noch in der Hand.

»Du?« Frau Kagelmann starrte Schonny an, als sähe sie ihn zum ersten Mal.

»Ich, ich …«, sagte er nur, dann lief er schon wieder die Treppe hinab, durch den Hausflur, auf die Straße. Frau Kagelmann hatte Pit erwartet. Sie hatte die Tür aufgerissen, weil sie seine Schritte gehört und ihn für Pit gehalten hatte. Also war auch Pit die ganze Nacht über nicht nach Hause gekommen! Und wenn Pit nicht zurück war, dann war auch Eule nicht da, das stand fest.

Schonny stand mitten auf der vormittäglich belebten Straße und überlegte: Es war etwas passiert, von dem er als Einziger keine Ahnung hatte, weil er als Erster fortgelaufen war. Und es gab zwei Möglichkeiten: Entweder waren die anderen von der Polizei geschnappt worden oder sie hielten sich versteckt. Wenn sie sich aber versteckt hielten, dann nur in Ballos Hauptquartier.

Wieder lief er los. Anfangs war es nur ein langsamer Trab, dann wurde er schneller, immer schneller. Er lief und schwitzte und keuchte, bis er die Ruine erreicht hatte, unter der sich Ballos Hauptquartier befand. Er suchte Ballos Taschenlampe und war froh, als er sie nicht finden konnte. Die Freunde waren nicht geschnappt worden, sie waren unten und hielten sich versteckt.

Vorsichtig tastete Schonny sich durch die Keller, bis er das Viereck mit der Birke erreicht hatte. Doch dann stand er da, als ob er sich verirrt hätte: Das Viereck war kein Viereck mehr. Zwei Mauern waren eingestürzt, waren direkt auf die Luke gefallen, unter der der Tunnel begann.

Nur ein, zwei Minuten dachte Schonny nach, dann begann er die Steine fortzuräumen. Mit beiden Händen griff er nach den Steinen und warf sie hinter sich. Er arbeitete schnell, er war sicher, dass alles so war, wie er es sich zusammenreimte.

Dann ging es nicht mehr weiter. Ein riesiger Mauerbrocken lag auf der Luke. Er konnte sich anstrengen, so viel er wollte, der Brocken ließ sich nicht von der Stelle rücken. Da setzte er sich hin, wischte sich den Schweiß von der Stirn und gab den Kampf auf.

Besucher

Frau Kagelmann stand in der Küche und kochte aus den Graupen und dem Trockengemüse eine Suppe. Doch ihre Gedanken waren bei Schonny. Wie er geguckt hatte. Und wie er davongelaufen war!

Ob sie Uli jetzt weckte? Mit wem sollte sie reden, wenn nicht mit ihrem großen Sohn? Und reden musste sie mit jemandem. Sie drehte die Gasflamme herunter, ging zu Ulis Tür und öffnete sie vorsichtig. Dann betrat sie das Zimmer und berührte Uli an der Schulter.

Übergangslos öffnete Uli die Augen und sah die Mutter an. Er war wach, aber es dauerte lange, bis er sich zurechtfand. »Mein Gott, habe ich geschlafen!«, stöhnte er und streckte sich behaglich. »Du kannst dir ja gar nicht vorstellen, wie das ist, nach so langer Zeit und all dem, was ich erlebt habe, im eigenen Bett aufzuwachen.«

»Es tut mir Leid, dass ich dich wecken musste«, sagte die

Mutter. »Es ist wegen Pit. Er ist immer noch nicht zurück, und vorhin war ein Junge da, der hat mich nur angesehen und ist fortgelaufen.

Uli stützte sich auf: »Die ganze Nacht nicht nach Hause gekommen?«

»Vielleicht haben sie in den Trümmern gespielt und sind vom Gewitter überrascht worden«, vermutete die Mutter. »Der Junge jedenfalls muss was gewusst haben, sonst wäre er nicht fortgelaufen.«

»Die spielen doch nicht mitten in der Nacht in den Trümmern. Und noch dazu während eines Gewitters!«, meinte Uli. »Hast du Pit denn nicht gesagt, dass es gefährlich ist, sich während eines Gewitters in den Trümmern aufzuhalten?«

»Ich habe ihm verboten, in den Trümmern zu spielen. Über Gewitter ... habe ich nichts gesagt.«

Uli schüttelte den Kopf. »Sei mir nicht böse, Mutter, aber das ist typisch: nur verbieten und erlauben, nie etwas erklären!«

Die Mutter antwortete nicht. Erst nach längerer Zeit fragte sie: »Und was machen wir nun?«

»Die Polizei verständigen.« Uli stand auf.

»Die Frau Eulenberg ist schon dort. Aber wenn die dort nichts wissen, wo sollen wir sie suchen? Es gibt mehr Ruinen als heil gebliebene Häuser.«

Uli trat an die Mutter heran, legte beide Hände um ihre Hüften und sagte: »Sie werden schon wieder auftauchen.«

»Aber wenn ...« Frau Kagelmann sprach nicht weiter. Sie betrachtete Ulis bis auf die Schlafanzughose nackten Körper. Weißgraue Haut, hervorstehende Rippen, hervorstehende Hüftknochen, eckig und mager überall. Er sah schlimm aus.

Uli sah an sich herunter. »Ein Modellathlet bin ich nicht, was?«

»Wir sehen auch nicht besser aus«, sagte die Mutter, als müsse sie sich für ihren Blick entschuldigen. Uli nickte ernst und ging ins Bad. Die Mutter machte sein Bett und hörte ihn im Bad hantieren. Sie stellte sich in die offene Badezimmertür und sah zu, wie er sich wusch. Er bemerkte sie und erzählte von der Zeit im Kriegsgefangenenlager. »Die Russen hatten ja selber nichts, wie hätten sie uns da besser verpflegen sollen?«, sagte er und berichtete von dem Heimkehrerlager für russische Kriegsgefangene, in dem sie ihn hatten aufpäppeln wollen. »Ich bin abgehauen, ich hatte keine Zeit. Ich wollte wissen, wie es euch ergangen ist.« Er hielt den Kopf unter die Wasserleitung und spülte ihn ab. »Die ganze Stadt in Trümmern«, fuhr er dann fort. »Wir haben Glück gehabt, dass es unser Haus nicht erwischt hat.«

»Was meinst du«, fragte Frau Kagelmann, »wie lange wird es dauern, bis alles wieder aufgebaut ist?«

Uli überlegte. »Zwanzig Jahre? Oder dreißig? Wie lange es dauert, ist nicht wichtig. Wichtig ist, dass endlich richtig angefangen wird. Mit dem Trümmerschutt-Wegräumen alleine ist es ja nicht getan. Auch in den Köpfen muss aufgeräumt werden.«

»Dreißig Jahre!«, sinnierte die Mutter. »Dann haben wir 1977, da lebe ich nicht mehr.«

»Vielleicht geht es auch schneller.« Uli war fertig mit dem Waschen, trocknete sich ab und lächelte. »Weißt du, was ich jetzt habe?«

Die Mutter nickte: »Hunger.«

Uli wühlte in seinem Schrank und fand eine Hose und ein

Hemd, die beide nicht mehr richtig passten. Er zog sie trotzdem an und kam in die Küche. »Wie das duftet!«, strahlte er, als er am Tisch Platz nahm.

Die Mutter füllte Suppe in einen Teller und stellte ihn vor Uli hin. »Lass es dir schmecken«, sagte sie. »Und genieße es: Du isst Vaters silberne Uhr auf.«

»Warst du auf dem schwarzen Markt?«

»Sonst hätte ich dir nichts zu essen machen können«, antwortete Frau Kagelmann seufzend und berichtete von der vergeblichen Hamsterfahrt und ihrem Entschluss, die Uhr nun doch zu opfern.

Uli pustete in die Suppe und begann langsam zu löffeln.

»Und auf dem schwarzen Markt gibt es alles?«

»Wenn man Geld hat«, bestätigte die Mutter.

»Und was kosten Zigaretten?«

»Deutsche das Stück eine Mark, amerikanische das Zehnfache.« Die Mutter sah Uli an. »Rauchst du denn?«

»Das gewöhnt man sich in der Gefangenschaft an. Aber diese Preise zahle ich nicht. Als ich gestern mit dem Zug in die Stadt kam, habe ich gesehen, dass viele ihren eigenen Tabakanbau haben. Das mache ich auch. Wozu haben wir einen Balkon? Im Lager haben wir auch nichts Besseres gequalmt. Außerdem«, Uli ließ den Löffel sinken, »ich bin gegen den schwarzen Markt. Wir haben schon im Lager davon gehört, dass die Schieber immer fetter werden und die, die nichts zu verkaufen oder zu tauschen haben, im Winter fast verreckt sind. Das ist doch nicht in Ordnung.«

»Natürlich ist das nicht in Ordnung«, gab die Mutter zu. »Aber gäbe es den schwarzen Markt nicht, gäbe es überhaupt nichts mehr.«

»Gäbe es keinen schwarzen Markt«, widersprach Uli, »könntet ihr das, was dort angeboten wird, zu normalen Preisen in den Geschäften kaufen.«

An der Tür klingelte es.

»Ist er das?« Uli sah die Mutter fragend an. Die Mutter schüttelte den Kopf: Pit klingelte anders.

Es war Karin. Den kleinen Dieter an der Hand, stand sie vor der Tür und kämpfte mit den Tränen. Frau Kagelmann wurde blass. »Was ist denn? So rede doch!«

Karin putzte sich die Nase und erzählte, was die Mutter und sie erfahren hatten: In der Nacht war in das Städtische Krankenhaus eingebrochen worden, Fred und die Jungen hatten dabei mitgemacht. Als der Einbruch bemerkt worden war und sie fliehen mussten, war der kleine Spatz von einem Einbrecher angeschossen worden. »Und Fred sitzt im Gefängnis und …« Karin musste nun doch weinen. Sie schämte sich für Fred, gleichzeitig aber tat er ihr Leid.

Frau Kagelmann lehnte sich an den Türrahmen, als müsse sie sich festhalten. »Und die Jungen?«, fragte sie.

»Wahrscheinlich hocken sie in einer Ruine und trauen sich nicht nach Hause.« Karin wischte sich die Augen und erzählte, dass ihre Mutter versucht habe, Fred zu sprechen, dass man es ihr aber nicht erlaubt hatte. Frau Kagelmann hörte zu, in Gedanken jedoch war sie bei Pit. Karin bemerkte das, verstummte und sagte, dass sie sich wieder melden werde, falls es etwas Neues gäbe. Dann zog sie den verwundert guckenden Dieter weiter.

Frau Kagelmann sah dem Mädchen noch einen Augenblick lang nach, dann schloss sie nachdenklich die Tür. Doch sie war noch nicht wieder in der Küche, da klingelte es erneut. Es war eine Frau aus der Nachbarschaft. Ulis Heimkehr hatte sich herumgesprochen. Sie war gekommen, um ihn etwas zu fragen.

Die Frau begrüßte Uli, öffnete ihre Handtasche und zog ein Foto hervor. »Wilhelm Mayr«, sagte sie. »Er ist auch bei den Russen.« Ob Uli ihren Mann getroffen habe?

Uli betrachtete das Bild und schüttelte nur den Kopf.

Die Frau war nicht sehr enttäuscht. Uli war nicht der erste entlassene Kriegsgefangene, den sie gefragt hatte. Sie stellte weitere Fragen: Ob die Zeitungsberichte die Wahrheit sagten, wenn sie über die vielen Gefangenen berichteten, die in den Lagern gestorben seien? Und ob Uli glaube, dass auch die anderen Gefangenen bald entlassen würden?

Uli kannte die Zeitungsberichte nicht, aber dass Gefangene starben, war ihm bekannt. Er hatte selbst Freunde verloren. Ob und wann die anderen Gefangenen entlassen wurden, wusste er nicht. Deshalb sagte er nur, er hoffe, dass es bald sein würde.

Die Frau wollte weitere Fragen stellen, aber ein erneutes Läuten unterbrach sie.

Es war wieder eine Frau mit einem Foto. Frau Kagelmann hätte sie am liebsten abgewiesen. Sie wollte Uli berichten, was sie von Karin gehört hatte, wollte einen Rat von ihm, wollte wissen, was nun zu tun sei, aber da war die zaghafte Hoffnung in dem Gesicht der Frau, und sie brachte es nicht über sich, sie fortzuschicken.

Die zweite Besucherin hatte noch nicht Platz genommen, da klingelte es schon wieder. Fest entschlossen, eine eventuell dritte Besucherin auf später zu vertrösten, ging Frau Kagelmann zur Tür.

Diesmal aber stand keine Frau vor der Tür. Schonny hatte geklingelt. Über und über schmutzverschmiert stand er da und rang nach Luft.

Verschüttet

Es war kühl und feucht in dem großen Raum, nur die gleichmäßig brennende Flamme der Kerze verbreitete einen Anschein von Wärme. Pit und Eule lagen in je zwei zusammengeschobenen Sesseln und schliefen, Ballo lag auf der Couch und war hellwach. Er konnte nicht schlafen.

Als die Mutter das von Vaters Selbstmord gesagt hatte, war er fortgelaufen. Sie hatte ihm noch hinterhergerufen, er solle zurückkommen, aber er hatte nicht auf sie gehört. Doch zur Polizei war er nun nicht mehr gelaufen, das hatte keinen Sinn mehr gehabt.

Er war hierher gelaufen, um sich hier unten festnehmen zu lassen. Er war sicher gewesen, dass Fred die Jungen und die Jungen das Hauptquartier verraten hatten. Hier unten festgenommen zu werden, war das Einzige, was er sich noch schuldig war, hatte er geglaubt. Dann aber waren Pit und Eule gekommen und hatten von Spatz erzählt. Spatz, ausgerechnet Spatz, der am wenigsten Lust gehabt hatte mitzumachen, war von dem Schuss getroffen worden! Und vielleicht war er sogar tot ...

Pit und Eule hatten gedrängt, hatten wissen wollen, was er erlebt hatte, aber er hatte geschwiegen. Nicht einmal, dass Fred festgenommen worden war, hatte er ihnen erzählt. Er hatte einfach nicht reden können: Nun hatte es ja auch keinen Sinn mehr, sich hier unten festnehmen zu lassen. Was Spatz widerfahren war, machte alles, was er jetzt noch tun konnte, zu einer bloßen Lächerlichkeit.

Trotzdem musste er etwas tun, er musste entscheiden, wie es weitergehen sollte. Aber je länger er nachdachte, desto klarer wurde ihm, dass ihm nur eine einzige Möglichkeit blieb: Weg! Raus aus dieser Gegend, neu anfangen. Aber nicht, um wieder gutzumachen, wie die Mutter es wollte. Er musste neu anfangen, weil er nun nicht mehr nur allein, sondern einsam war. Vor den Jungen hatte er versagt. Ob Spatz noch lebte oder nicht, die Jungen würden nicht mehr auf ihn hören, das stand fest. Und die Mutter hatte Paule.

Und der Vater? Auch die Erinnerung an den Vater war ihm genommen worden. Er würde nie wieder so an ihn denken können, wie er es bisher getan hatte.

Vorsichtig richtete Ballo sich auf und beleuchtete mit der Kerze das Zifferblatt seiner Uhr. Es war kurz nach elf, also schon lange heller Tag. Es war das Beste, er schickte Pit und Eule jetzt nach Hause und verschwand.

Ballo nahm seine Taschenlampe und leuchtete noch einmal die Wände mit den Bildern und der Landkarte ab. Doch die vertrauten Wände erschienen ihm nur noch fremd und kalt und seltsam tot. Er verstand nicht mehr, dass es ihm in seinem Hauptquartier einmal gefallen hatte. Er schwenkte die Lampe herum und leuchtete zu Pit und Eule hinüber.

Pit fuhr hoch und sah sich um. »Was machst du?«

»Nichts.« Ballo knipste die Taschenlampe aus.

»Wie spät ist es?«

»Kurz nach elf.«

Pit legte sich zurück. Er war wie gerädert und er fror erbärmlich in den immer noch klammen Sachen.

»Ich hau jetzt ab«, sagte Ballo. »Und euch würde ich raten, auch hier zu verschwinden. Geht am besten nach Hause.«

In der Nacht war Pit der Gedanke, der Mutter unter die Augen zu treten, unmöglich erschienen. Jetzt war das anders, jetzt war es ihm egal, ob die Mutter schimpfte oder nicht, jetzt wollte er nach Hause, in sein warmes Bett, und auch etwas essen. Er stand auf und weckte Eule.

Eule kam nur schwer zu sich. Er hatte Schreckliches geträumt. Da waren endlos lange Straßen gewesen, durch die er gehastet war. Dann ein Fluss voller Menschenleiber, lauter Frauen und Kinder. Und die Mutter, die auf der Brücke über dem Fluss gesessen, Dieter im Arm gehalten und geweint hatte. Danach war er in einem Raum ohne Fenster gewesen und hatte gewartet, aber nicht gewusst, worauf. Auf einmal waren die Wände auf ihn zugekommen. Dick und aufgebläht waren sie immer näher gekommen, von allen Seiten. Er war aufgesprungen und hatte die Wände von sich fortschieben wollen, aber die Wände hatten sich nicht greifen lassen, waren eine einzige weiche Masse gewesen.

»Wir hauen ab«, sagte Pit.

Eule nickte stumm. Der Traum war noch in ihm, es fiel ihm schwer, ihn abzuschütteln.

Ballo löschte die Kerze, schaltete seine Taschenlampe ein und ging den Flur entlang, bis er vor dem Zimmer angelangt war, in dem einst sein Vater gearbeitet hatte. Unschlüssig blieb er stehen und verschwand dann in dem Zimmer. Als er zurückkam, trug er das Bild seines Vaters unter dem Hemd. Den leeren Rahmen hatte er stehen lassen.

Schweigend krochen die drei Jungen durch den Tunnel, bis sie unter dem Viereck mit der Birke angelangt waren. Ballo richtete sich auf, um den Deckel der Luke hochzuklappen – und fluchte.

»Was ist denn?«, fragte Pit, der die Taschenlampe hielt und den rostbraunen Metalldeckel über ihren Köpfen anstrahlte.

»Er rührt sich nicht.« Ballo stemmte den Rücken gegen den Lukendeckel, holte tief Luft und drückte: nichts! Er winkte Pit und Eule neben sich und kommandierte: »Zugleich!« Die drei Jungen pressten ihre Rücken an das kalte Metall, der Deckel aber ließ sich nicht öffnen.

»Noch mal!«, befahl Ballo. »Zu-gleich!«

Der Deckel bewegte sich nicht, keinen Millimeter bekamen die Jungen ihn hochgedrückt. Voller Angst lehnten Pit und Eule sich an die Tunnelwand und sahen zu, wie Ballo den Lukendeckel untersuchte. »Es hat keinen Zweck«, sagte er dann, nachdem er jede Ecke des Deckels abgeleuchtet hatte. »Irgendetwas Schweres muss auf dem Deckel liegen.«

»Vielleicht hat das Gewitter damit zu tun?«, vermutete Eule.

»Gewitter?«, wiederholte Ballo erstaunt.

»Na, es hat doch gewittert!«, sagte Pit. »Was meinst du, warum wir so nass waren?«

Erst schwieg Ballo, dann brach es aus ihm heraus: »Vom Regen natürlich! Aber Regen bedeutet doch nicht, dass es gewittern muss. Ihr hättet mir das sagen müssen.«

»Du hast ja nicht mit uns geredet«, verteidigte sich Pit.

Ballo biss sich auf die Lippen, jetzt war ihm alles klar: »Wahrscheinlich ist eine der Mauern eingestürzt und wir sind verschüttet.«

Verschüttet? Die Angst in Pit und Eule wurde so übermächtig, dass ihnen beinahe schwindlig wurde. »Gibt es keinen anderen Ausgang?«, fragte Pit heiser, als er endlich wieder den Mund aufbekam.

»Ich hab alles abgesucht, es gibt nur diesen einen.« Ballo setzte sich hin, zog die Beine an und stützte das Kinn auf die Hände. Es war zu viel geworden, endgültig zu viel!

Junge Deutsche – nix Faschisten

Uli ging um den Mauerblock herum und betrachtete ihn von allen Seiten. Dann fragte er: »Weißt du, wo die Kommandantura ist?«

Jeder im Viertel kannte das gelbe Backsteingebäude, in dem die Rote Armee ihren Sitz hatte und von dem aus die Russen ihren Teil der Stadt verwalteten, natürlich kannte auch Schonny die Kommandantura. Aber wieso fragte Pits Bruder danach?

»Wir müssen Werkzeuge holen«, erklärte Uli. »Ohne Werkzeug schaffen wir es nicht.«

»Von den Russen?«

»Hast du etwa Angst?« Uli musste lächeln. »Die Russen sind Menschen wie du und ich, du brauchst dich nicht vor ihnen zu fürchten.«

Schonny blickte Uli zweifelnd an. Vor den Russen musste man sich vorsehen, das sagten alle und dafür gab es auch Beweise. Schonny brauchte nur an den alten Herrn Kroll zu denken, der von den Russen verhaftet worden war, weil er sich geweigert hatte, einem von ihnen sein Fahrrad zu geben. Zwar hatte man ihn gleich darauf wieder freigelassen, aber von der Kommandantura, in der er verhört worden war, erzählte er die fürchterlichsten Dinge. Und die Frauen in der Straße flüchteten, wenn sie einen Russen nur von weitem sahen. Erst schießen sie die Männer tot und dann vergewaltigen sie die Frauen, hieß es.

Uli legte Schonny den Arm um die Schultern und zog ihn mit sich fort. »Sicher haben auch die Russen furchtbare Grausamkeiten begangen, sicher gibt es welche, die stehlen«, sagte er. »Aber was hatten wir in Russland zu suchen? Wir haben sie angegriffen, nicht sie uns. Wir waren es, die mit dem Morden angefangen haben.«

Eine Zeit lang ging Schonny still neben Uli her, dann sah er die Kommandantura in der Ferne auftauchen und bekam es wieder mit der Angst zu tun. Der Vater sagte, die Keller der Kommandantura wären voll mit verhafteten Deutschen.

»Wir könnten ja auch zur Polizei gehen«, sagte Uli. »Ich weiß nur nicht, ob das gut für die Jungen ist. Den Russen erzählen wir einfach, die Jungen haben in den Trümmern gespielt und sind verschüttet worden. Für die Russen sind Kinder Kinder, da fragen sie nicht lange, sondern helfen.«

Sie hatten die Kommandantura erreicht. Ein Soldat mit einer Maschinenpistole über der Schulter stand vor einem Häuschen, blinzelte in die Sonne und sah Uli und Schonny entgegen.

Schonny wurde langsamer und blieb stehen.

»Wenn es dir lieber ist, kannst du draußen warten«, meinte Uli.

Da fasste Schonny Mut: Wenn Uli, den die Russen über

zwei Jahre lang gefangen gehalten hatten, sich nicht vor ihnen fürchtete, musste auch er keine Angst haben.

»Du gefällst mir«, sagte Uli. »Wenn Pit mehr solcher Freunde hat, kann er zufrieden sein.«

Der Soldat am Tor schob seine Maschinenpistole nach vorn, blieb aber stehen, wo er stand. Uli redete ihn auf Russisch an. Der Soldat hörte zu und klopfte an das Wachhäuschen. Ein Schiebefenster wurde geöffnet und ein rundköpfiger Soldat mit genauso kurzen Haaren wie Uli sah hinaus. Uli begann erneut Russisch zu reden. Der Soldat im Fenster hörte zu und grinste. Ulis im Kriegsgefangenenlager gelerntes Russisch schien ihm zu gefallen. Als Uli fertig war, krauste der Rundköpfige die Stirn und rief etwas nach hinten.

Ein junger, schwarzhaariger Soldat mit mongolischen Gesichtszügen trat gähnend aus dem Häuschen. Er schulterte seine Maschinenpistole, zog sich die olivgrüne Hemdbluse straff und gab Uli mit einem Nicken zu verstehen, dass sie ihm folgen sollten.

Schonny blieb dicht bei Uli. Der Soldat im Fenster sah es, lachte und rief etwas, über das er noch mehr lachen musste, und schloss das Fenster.

»Uli«, sagte Uli, nachdem sie ein Stück gegangen waren. Er wies auf sich und sah den Soldaten, der sie führte, dabei an. Der verstand nicht.

Uli versuchte es noch einmal. Er fragte den jungen Soldaten auf Russisch nach seinem Namen. Der Soldat prüfte Uli mit einem schnellen Blick, dann sagte er: »Momun, Momun Kashow.«

»Kirgisija?«, fragte Uli.

»Kirgisija«, bestätigte der Soldat.

»Er ist Kirgise«, erklärte Uli Schonny, als sei das etwas Besonderes.

»Kein Russe?«, fragte Schonny.

»Nicht alle Russen sind Russen.« Uli lachte. Dann erklärte er Schonny, dass die Sowjetunion ein riesiges Land mit vielen Nationalitäten sei, Russland sei nur ein Teil der Sowjetunion.

Momun hatte neugierig zugehört. Uli übersetzte ihm, was er Schonny erklärt hatte. Der Soldat lachte und sagte: »Da, da!«

»Das heißt ja, ja«, übersetzte Uli, aber das wusste Schonny. Russische Wörter wie da und njet* kannte jeder.

Momun betrat ein Gebäude mit vielen Türen und sah sich aufmerksam um. Als er einen grauhaarigen Offizier entdeckte, ging er auf ihn zu, grüßte stramm und redete mit ihm. Der Offizier warf einen Blick auf Uli und sagte etwas zu dem Soldaten. Der Soldat salutierte und gab Uli mit einem Blick zu verstehen, dass sie weitermussten.

»Sehr freundlich war der nicht«, seufzte Uli. »Vielleicht hat er schlechte Erfahrungen mit uns gemacht.«

»Mit uns?«, fragte Schonny erstaunt.

»Nicht mit uns beiden, mit uns als Deutschen«, erklärte Uli. »Damit musst du dich abfinden: Wenn du schon längst erwachsen bist, werden dich manche Ausländer noch immer schief ansehen. Und warum? Nur weil du ein Deutscher bist. Was wir in diesem Krieg auf uns geladen haben, reicht für ein ganzes Leben.«

Was Uli sagte, wunderte Schonny. Der Vater erzählte genau das Gegenteil; er schimpfte auf die Russen und Amis und auf

---

* Ja und nein.

die Engländer, die ihn zum Krüppel geschossen hatten. Darüber, dass die Deutschen etwas auf sich geladen hatten, verlor er kein Wort. Aber Schonny kam nicht dazu zu fragen, wie Uli das gemeint hatte, ein Unterleutnant kreuzte ihren Weg. Wieder salutierte Momun.

Der Unterleutnant war noch jung. Während Momun ihm Meldung erstattete, zog er eine Schachtel Zigaretten aus der Tasche, nahm sich eine heraus und hielt Uli die Schachtel hin. Uli griff zu und bedankte sich. Dann kniff er das lange, leere Mundstück der Zigarette genau so zusammen, wie der Unterleutnant es getan hatte.

Der Unterleutnant nickte anerkennend. Uli unterbrach Momun, schilderte die Situation der Jungen unter den Trümmern und bat um Werkzeug. Der Unterleutnant hörte sich alles an, wies auf eine Tür, grüßte und ging davon.

Momun rückte an seinem Koppelschloss, packte den Riemen seiner Maschinenpistole fester und klopfte an die Tür, auf die der Unterleutnant gedeutet hatte. Uli beugte sich vor und las laut die kyrillischen Buchstaben auf dem Schild an der Tür: »Kondratjew! Ein Hauptmann.«

Auch Momun neigte sich vor. Er wartete auf die Aufforderung, die Tür öffnen zu dürfen. Als er sie bekam, klinkte er die Tür auf und schob Uli und Schonny hinein.

Hinter einem Schreibtisch saß ein großer Mann mit dunklen Augen. Er trug sein Haar nach hinten gekämmt und sah die Eintretenden aufmerksam an. Auch während Momun Meldung erstattete, wandte er keinen Blick von Uli und Schonny. Dann kam er um den Schreibtisch herum, legte die Hände auf den Rücken und fragte Uli auf Deutsch: »Sie sprechen Russisch?«

Uli nickte und wollte etwas sagen, doch der Hauptmann ließ ihn nicht zu Wort kommen. »Wo haben Sie es gelernt?«

»In der Gefangenschaft.«

Der Hauptmann hatte sich das gedacht. »Wie lange waren Sie in Gefangenschaft?«

»Zwei Jahre.«

»Zwei Jahre? Das war schlimm, oder?«

»Es war schlimm, sogar sehr schlimm. Aber zwei Jahre Gefangenschaft ist besser als ein Leben lang tot«, erwiderte Uli.

Der Hauptmann verstand nicht gleich, dann brach er in Gelächter aus. Er übersetzte Momun Ulis Antwort und sah Uli neugierig an. »Was halten Sie vom Faschismus?«

Uli wurde ernst. »Nichts«, sagte er.

Der Hauptmann lächelte: »Nie wieder Krieg, oder?«

»Nie wieder Krieg«, bestätigte Uli.

Der Hauptmann war zufrieden. Er wandte sich von Uli ab und versetzte Schonny einen Nasenstüber. »Junge Deutsche – nix Faschisten, oder?«

Uli fand es an der Zeit, über die verschütteten Jungen zu berichten. Der Hauptmann wusste schon Bescheid, Momun hatte ihn informiert, aber er hörte sich alles noch einmal an und stellte viele Zwischenfragen. Dann legte er Uli die Hand auf die Schulter und sagte: »Schnelle Hilfe, beste Hilfe! Oder?«

Spitzhacken

»Wie lange reicht eigentlich die Luft?«, fragte Pit. Die drei Jungen saßen in Ballos Hauptquartier und starrten in die Flamme der Kerze, die auf dem Tisch stand. Pit hatte die Beine angezogen und saß, weit nach vorn gebeugt, in seinem Sessel. Er hatte einmal von Soldaten gehört, die wochenlang in einem Bunker eingeschlossen waren. Da die Belüftung nicht funktionierte, hatten sie nicht geraucht und keine Kerzen angezündet, um Sauerstoff zu sparen. Die Stunden, die sie dadurch gewannen, retteten ihnen das Leben.

»Ziemlich lange«, meinte Ballo. »Es sind so viele Räume hier unten, eher verdursten wir, als dass wir ersticken.«

Die Jungen schwiegen. Die Lage, in der sie sich befanden, war so furchtbar, dass sie kaum wagten, sie zu überdenken. Und das Schlimmste war, dass sie nichts tun konnten, um der Welt über ihnen ein Zeichen zu geben. Nur warten konnten sie, warten, warten, warten.

»Wir haben zwei Chancen«, sagte Ballo, nachdem er einige Zeit überlegt hatte. »Die erste heißt Schonny.«

»Schonny?« Pit hob den Kopf. Schonny hatte er ganz vergessen. Auch Eules Gesicht hellte sich auf. Natürlich, Schonny! Schonny wusste von ihrem Hauptquartier, er konnte gar nicht anders, er musste einfach auf die Idee kommen, dass sie sich hier versteckt hielten.

»Mensch!«, sagte Pit. »Wenn Schonny uns hier herausholt, vergesse ich ihm das nie.« Doch dann hatte er plötzlich Bedenken: »Was ist, wenn Schonny sich an das Ehrenwort hält?«

»Welches Ehrenwort?«, fragte Ballo.

»Das Ehrenwort, unser Hauptquartier nicht zu verraten.«

Ballo schwieg betroffen. Dann sagte er: »So blöd kann er doch nicht sein.«

»Und die zweite Chance?«, fragte Eule.

»Die zweite Chance heißt Spatz.«

»Spatz?«, fragte Pit. »Aber wir wissen ja gar nicht, ob er noch lebt.«

»Deshalb ist es ja auch nur eine Chance.«

Ballo hatte Recht, wenn Spatz noch lebte und reden konnte, würde er bestimmt ihr Versteck verraten.

Eine Zeit lang saßen die drei Jungen herum und schwiegen, bis Ballo schließlich aufstand und sagte: »Gehn wir zur Luke zurück, da kriegen wir wenigstens mit, ob was passiert.«

Pit und Eule folgten Ballo. Und dann saßen sie zu dritt unter der Luke und lauschten. Doch es war nichts zu hören. Pit legte den Kopf auf die Knie und dachte an Schonny und Spatz. Er sah sie vor sich, Spatz vielleicht im Krankenhaus und Schonny beim Schachspielen mit seinem Vater. Dachten die beiden an sie? Oder kamen sie erst am Abend auf die Idee … Ein Geräusch! Es klang wie ein Klicken.

»Habt ihr das gehört?«

Ballo schaltete die Taschenlampe ein und leuchtete den Deckel ab. »Da war nichts! Fang bloß nicht an zu spinnen.«

Pit stieß Eule an. »Haste auch nichts gehört?«

Auch Eule hatte nichts gehört. Es war unheimlich still in dem Tunnel.

Wieder ein Klicken! Pit wollte Ballo darauf aufmerksam machen, aber Ballo legte ihm die Hand auf den Mund: Diesmal hatte er es auch gehört.

Da! Wieder!

»Eine Spitzhacke!«, flüsterte Ballo.

»Was hab ich gesagt! Was hab ich gesagt!« Pit schrie vor Freude. Am liebsten wäre er aufgestanden und herumgerannt, so aufgeregt war er. Aber dazu war kein Platz in dem engen Tunnel.

Die drei Jungen starrten den Lukendeckel an und lauschten dem immer näher kommenden Klicken und Picken über ihnen, bis Staub von der Tunneldecke rieselte. Erst dann rückten sie ein Stück von der Luke fort.

»Da sind mehrere an der Arbeit«, meinte Ballo. »Sicher Polizei.«

Polizei? Pit erschrak. Doch dann war es ihm egal, ob es die Polizei war, die sie hier herausholte, oder irgendjemand anderes. Die Hauptsache war, dass sie befreit wurden.

»Was ist jetzt?« Die Jungen strengten ihre Ohren an. Es war nichts mehr zu hören. »Haben die aufgegeben?«

Die Befreier hatten nicht aufgegeben, die Jungen merkten es bald. Erst hörten sie Stimmen, dann bewegte sich der Metalldeckel.

Ballo, Pit und Eule blieben auf ihren Plätzen und blinzelten zu dem lichtüberfluteten Viereck hoch. Ein Männerkopf erschien. Seine Augen mussten sich erst an das Halbdunkel gewöhnen, dann aber entdeckte er die Jungen, sah Pit an und lächelte: »Du bist mir vielleicht einer!«

Der Kopf, der Mann, die Stimme – Uli? Konnte das sein? Pit starrte den Mann an und rührte sich nicht.

»Na, kommt schon raus!«, sagte Uli. »Oder wollt ihr hier überwintern?«

Pit reichte Uli die Hand, ließ sich hochziehen und heulte los. Er konnte einfach nicht anders. Hundertmal an diesem Tag waren die Tränen in ihm hochgestiegen, eigentlich war er sie nie richtig losgeworden, hatte er sie immer wieder nur unterdrückt. Jetzt, da er vor dem so plötzlich aus der Gefangenschaft entlassenen Bruder stand und der ihn in die Arme nahm, ließ er ihnen freien Lauf.

Der Nächste, der seinen Kopf über das Viereck schob, war Schonny. Er strahlte und reichte Eule die Hand.

Ballo kletterte alleine aus der Luke. Als er draußen war, erschrak er: Russen! Zehn oder zwölf russische Soldaten. Auf ihre Spitzhacken gestützt, die Maschinenpistolen auf dem Rücken, standen sie da und sahen ihm entgegen. Verwirrt hob er die Hände.

Die Soldaten lachten. Und der Offizier, der auf Ballo zukam und ihm die Taschenlampe abnahm, um sie einem der Soldaten zu geben, lachte ebenfalls. »Nix Hände hoch«, sagte er. »Alles gut, oder?«

Ballo ließ die Arme sinken und blickte sich um.

Eule und Schonny standen neben Uli und Pit, die Russen beugten sich über die Luke. Der, der die Taschenlampe in die Hand gedrückt bekommen hatte, stieg in den Tunnel hinab, ein anderer Soldat folgte ihm.

Langsam machte Ballo ein paar Schritte rückwärts.

Der Offizier rief seinen beiden Leuten im Tunnel etwas zu, die antworteten dumpf. Da lief Ballo los. Er lief durch die dunklen Kellerräume und über die Kellertreppe hinweg auf die Straße und dann, ohne sich umzudrehen, immer weiter geradeaus. Erst als er in eine Seitenstraße einbog, drehte er sich kurz um und blickte zurück: Er wurde nicht verfolgt.

In der Kette

Es war später Nachmittag. Frau Eulenberg stand in der Kette der Frauen, die sich den Trümmerberg hinaufwand und einen Stein nach dem anderen in das Tal mit den Loren und Steinstapeln hinabschickte. Das Gehämmer der Frauen, die die Steine von Zement und Mörtel befreiten, klang zu ihr hoch und ermüdete sie. Sie fuhr sich über die Augen und gab sich Mühe, den Arbeitsrhythmus nicht zu stören. Mit der rechten Hand nahm sie den Stein, mit der linken reichte sie ihn weiter.

Die Polizisten auf dem Polizeirevier waren freundlich gewesen. Was Fred getan hatte, sei kein Einzelfall, sagten sie, es gäbe viele Jugendliche, die der Krieg aus der Bahn geworfen hätte. Trotzdem: Ein Einbruch sei kein Dummerjungenstreich, Fred würde in jedem Fall vor den Jugendrichter kommen.

»Na, Trude! Die Schnellste biste ja heute nicht.« Frau Eulenbergs rechte Nachbarin bremste ihren Schwung.

»Ich hab die ganze Nacht nicht geschlafen«, entschuldigte sich Frau Eulenberg.

»Hast dich rumgetrieben, was?« Die Nachbarin lachte.

Was wäre geschehen, wenn die Nachtschwestern nicht gesehen hätten, wie Fred und dieser Seiler über den Hof liefen? Der Pförtner und der Nachtwächter, die beide auch verhaftet worden waren, hatten ja gestanden, dass sie mit den Einbrechern unter einer Decke steckten. Es hatte also nur von einem Zufall abgehangen, dass Fred nicht mit seinem Anteil an dieser bösen Sache nach Hause gekommen war. Und sie und die Kinder wären dann auch daran beteiligt gewesen, weil sie ja sicher einige Zeit von Freds »Lohn« gelebt hätten …

Daran war sie schuld. Sie hätte sich diese Firma, von der

Fred so geschwärmt hatte, wenigstens einmal ansehen sollen. Dann wäre der Schwindel aufgeflogen und sie hätte Fred vor dem Schlimmsten bewahren können. Ihre Einsicht aber kam zu spät, fremde Menschen mussten ihr sagen, was mit ihrem Sohn los war.

»Trude!«

»Ja, ja!«, rief Frau Eulenberg. Sahen die Frauen denn nicht, dass sie heute einfach nicht schneller konnte?

»Aber Trude!«, lachte die Nachbarin. »Schläfst du? Da unten stehen deine Kinder. Und außerdem ist Feierabend.«

Frau Eulenberg legte die Hand an die Stirn und sah den Berg hinunter. Da standen sie, Karin, Dieter – und Bernd. Die Hände in den Taschen und den Kopf schief gelegt, sah er zu ihr hoch.

»Sei mir nicht böse, Else«, bat Frau Eulenberg, »mit mir war heute nichts los.«

»Alles klar!« Die Nachbarin legte den Arm um sie und stieg gemeinsam mit ihr den Berg hinab.

»In einer Ruine haben sie gesteckt«, sagte Karin, als die Mutter heran war. »Und verschüttet waren sie auch.«

Frau Eulenberg stemmte die Faust in das schmerzende Kreuz und sah Eule an. Sie hatte sich vorgenommen, ihn zu bestrafen, nicht zuzulassen, dass ein zweiter Fred aus ihm wurde, aber nun stand er vor ihr: schmutzig, bleich und die Augen voller Tränen. Frau Kagelmanns Worte fielen ihr ein: Es ist die Schuld der Erwachsenen, dass die Kinder in einer Welt von Trümmern, Hunger und Gefahr aufwachsen müssen. Was nutzten da Strafen? Und bestrafte man mit den Kindern nicht die Falschen?

Ulis Traum

Pit hockte auf der Fußbank neben der Nähmaschine und sah zu Uli hin, der am Tisch saß, die Ellenbogen aufstützte und rauchte. Die Mutter sah er nicht an. Und auch die Mutter, die am Tisch stand und Wäsche ordnete, vermied es, Pit anzublicken. Was er getan hatte, wäre ein schlimmer Vertrauensbruch gewesen, hatte sie gesagt, eine solche Enttäuschung könne sie beim besten Willen nicht so schnell vergessen.

Uli bemerkte Pits Blick und lächelte: »Guck nicht wie die Kuh, wenn's donnert; es gibt Schlimmeres, als ein paar Stunden verschüttet gewesen zu sein.«

Pit sah von Uli weg. Es war ja nicht deswegen. Es war auch nicht, weil die Mutter nicht mit ihm sprach. Es war etwas anderes, das ihn beunruhigte: Früher hatte die Mutter das Schweigen nicht so lange ausgehalten, da war ihr Zorn schneller verflogen, da hatte sie ihn meistens schon nach kurzer Zeit an sich gezogen und dafür gesorgt, dass alles wieder in Ordnung kam. Jetzt war die Mutter nicht mehr bereit, so schnell zu vergeben und zu vergessen; Uli war zurück, sie war nicht mehr auf ihn angewiesen.

Uli drückte die Zigarette aus und legte den Zigarettenrest in das kleine verbeulte Blechbüchschen, das er bei sich trug. Aus jeweils fünf oder sechs solcher Kippen drehte er sich später eine neue Zigarette. »Ich bin schon wieder müde«, sagte er und gähnte.

»Schläfst du jetzt in Vaters Bett?«, fragte Pit.

»Wie kommst du denn darauf?«, wunderte sich Uli. Dann verstand er. »Mach dir keine Sorgen, ich bleibe in meinem Zimmer. Ich will weder Vaters Bett noch seine Anzüge.«

Er warf der Mutter einen Blick zu und sagte dann: »Ich habe viel über Vater nachdenken müssen in den letzten Jahren. Er war immer so klug, hat sogar gewusst, dass das mit Hitlers Krieg nicht gut gehen konnte. Er hat es mir gesagt, zwei- oder dreimal, aber er hat nichts gegen den Krieg getan.«

»Was hätte er denn tun sollen?«, fragte die Mutter.

»Irgendwas. Auf jeden Fall nicht nur reden.«

»Dann hätten sie ihn umgebracht.«

»Haben sie das denn nicht?«, fragte Uli. »Sie haben ihn doch auch so umgebracht.«

»Das sagt sich so einfach«, seufzte die Mutter. »Vater hat immer getan, was von ihm verlangt wurde, er kannte es gar nicht anders. Das, was du nur reden nennst, war bereits gefährlich genug.«

Uli dachte nach, dann sagte er: »Ich will Vater keinen Vorwurf machen. Ich habe, als ich zu den Russen übergelaufen bin, auch nicht daran gedacht, irgendwas zu verändern, hatte nur keine Lust, so spät noch für Herrn Hitler ins Gras zu beißen. Aber ich war kaum achtzehn und hatte keine Ahnung, welche Verbrecher wir verteidigten. Das habe ich erst später begriffen. Und erst im Lager habe ich erfahren, dass es unter den Deutschen auch Männer und Frauen gegeben hat, die gegen Hitler kämpften. Es waren nur leider viel zu wenige, die meisten Deutschen hielten die Klappe und marschierten. Oder sie waren wie Vater und redeten nur. Hätten sie anstatt gegen die halbe Welt gegen die paar Nazis gekämpft, von denen sie in den Krieg getrieben wurden, hätte es keinen Krieg gegeben. Oder waren es etwa nicht nur ein paar Nazis, die den Krieg gewollt hatten?«

Die Mutter setzte sich zu Uli und sagte: »Ich versteh dich ja. Die meisten wollten bestimmt keinen Krieg. Sie dachten nur an ihre Familien und hofften, dass es schon nicht so schlimm werden würde. Als sie dann aufwachten, war es zu spät ... Es gab immer Kriege und wird immer Kriege geben, weil es immer wieder Menschen geben wird, die das ausnutzen. Eine Welt ohne Krieg ist ein Traum.«

Uli starrte in den graublauen Zigarettenqualm hinein, der sich unter der Glühbirne festgesetzt hatte. »Dann träume ich eben«, entgegnete er leise. »Was soll man denn sonst tun, wenn man gerade aus einem Krieg heimgekehrt ist? Etwa auf den nächsten warten?«

»Warum gibt es überhaupt Kriege?«, fragte Pit. Es war seltsam, er hatte sich diese Frage nie gestellt, hatte einfach hingenommen, dass da ein Krieg gewesen war, der nichts als Trümmer und Ruinen hinterlassen hatte. Erst Ulis Worte hatten ihn darüber nachdenken lassen.

»Ja, warum?« Uli sah Pit ernst an. »Eins steht fest, Naturerscheinungen wie Regen und Wind, Sonne und Wolken sind sie nicht. Es gibt sie nur, weil es Menschen gibt, die Krieg wollen. Ohne Menschen keine Kriege – das ist doch klar.«

»Aber warum wollen Menschen Kriege?«, fragte Pit weiter. »Von Kriegen hat man doch nichts.«

»Oh, doch!« Uli lachte. »Es gibt schon welche, die was davon haben. Die, die die Waffen herstellen, zum Beispiel. Oder die, die auf die Bodenschätze der Nachbarländer scharf sind ... Oder die, die sich vor ›Angriffen‹ schützen wollen, indem sie selbst zuerst angreifen. Manche aber wollen dem Nachbarland auch nur einfach die eigene Heilslehre aufzwingen ...«

Pit dachte nach. irgendetwas war ihm da noch nicht klar. »Also war nicht nur Hitler am Krieg schuld?«

»Um Himmels willen!« Uli lachte böse. »Der war nur eine traurige Figur, den gewisse Kreise wie einen Kasper benutzt haben. Nur hat sich der Kasper dann selbständig gemacht und die Bühne zerstört.«

»Das hast du gut gesagt«, meinte die Mutter und blickte Uli aufmerksam an. »Nur: Ich habe Angst vor dem nächsten Kasper. Ich glaube, es wird immer wieder solche Marionetten geben – und auch genug Menschen, die darauf reinfallen.«

Uli nickte. »Das ist es ja! Darum müssen wir aufpassen.«

Bei Spatz

Es war ein grauer, fast schon ein wenig herbstlicher Spätnachmittag, als Pit, Eule und Schonny wieder vor dem Krankenhaus standen und zur Toreinfahrt hinübersahen. Die Besuchszeit näherte sich dem Ende, immer mehr Besucher verließen das große dunkelrote Gebäude, Spatz' Mutter aber war nicht darunter.

Die drei Jungen hatten Frau Sperling gefragt, ob sie Spatz nicht doch einmal besuchen dürften. Frau Sperling hatte nein gesagt und ihnen die Tür vor der Nase zugeschlagen. Beklommen waren sie die Treppen hinabgestiegen und hatten beschlossen, Spatz trotzdem zu besuchen. Sie wollten warten, bis Frau Sperling aus dem Krankenhaus kam und dann einfach hineingehen.

Endlich kam die kleine Frau. Inmitten anderer Besucher

verließ sie das Krankenhaus und wandte sich nach rechts. Pit, Eule und Schonny, die sich in den Park zurückgezogen hatten, warteten, bis sie weit genug entfernt war, dann liefen sie über die Straße und in die Toreinfahrt hinein.

Der Pförtner sah erst auf die Uhr und, nachdem er festgestellt hatte, dass die Besuchszeit noch ein paar Minuten andauerte, in ein großformatiges Buch. »Joachim Sperling«, gab er unwillig Auskunft, »Zimmer 212, zweiter Stock rechts.«

Die drei Jungen hasteten die Steintreppe hoch, bogen im zweiten Stock nach rechts und blieben stehen: Ein Arzt und eine Schwester versperrten ihnen den Weg. »Hier wird nicht gelaufen«, sagte die Schwester. Und der Arzt fragte: »Wo wollt ihr denn überhaupt hin?«

»Zu Joachim Sperling«, antwortete Pit und senkte den Kopf: Sicher wusste der Arzt, wer sie waren, wenn sie nach Spatz fragten. Und tatsächlich, der Arzt sagte erst gar nichts und dann: »Also ihr seid das! Ich muss schon sagen, Mut habt ihr ja. Erst brecht ihr hier ein und dann kommt ihr uns auch noch besuchen.«

Die Jungen sahen zu Boden. Daran, dass sie einem der Ärzte begegnen könnten, hatten sie überhaupt nicht gedacht.

»Wisst ihr überhaupt, was ihr angerichtet habt?«, fragte der Arzt zornig. »Unser ganzes Insulin ist weg, wir können einen Teil unserer Patienten überhaupt nicht behandeln. Und euer Freund wird auch nie wieder richtig gesund.«

»Wir …«, sagte Pit; mehr brachte er nicht heraus. Und Eule und Schonny hoben nicht einmal die Köpfe.

»Ich weiß, ich weiß! Nicht ihr seid schuld, die Zeiten sind schuld; heutzutage sind immer nur die Verhältnisse schuld.« Der Arzt seufzte und ging weiter. Die Schwester folgte ihm, drehte sich aber noch einmal um. »Nun macht schon«, rief sie, »besucht den Joachim. Viel Zeit habt ihr nicht mehr.«

Das Zimmer hinter der Tür mit der Nummer 212 war ein Sechserzimmer, drei Betten standen links, drei rechts. Und in allen Betten lagen Jungen, die Pit, Eule und Schonny neugierig ansahen. Nur der Junge in dem Bett links vom Fenster hielt die Augen geschlossen und drehte sich nicht zu ihnen um: Spatz.

Pit, Eule und Schonny blieben vor Spatz' Bett stehen und sahen auf ihn hinunter. Er erschien ihnen trotz des dicken Verbandes, in dem er steckte, noch kleiner und schmaler, als sie ihn in Erinnerung hatten.

»Wollt ihr zu Jockel?«, fragte einer der Jungen in den Betten.

»Nein, zu Spatz«, antwortete Schonny.

»Spatz?« Die Jungen in den Betten waren ratlos. Aber noch ehe sie weiterfragen konnten, öffnete Spatz die Augen. Er hatte die Tür gehen hören, aber nicht gedacht, dass der neue Besuch für ihn sein könnte. Dann hatte er die Frage des Jungen und Schonnys Antwort gehört und war erschrocken. Die Mutter wollte nicht, dass er weiter mit den Jungen zusammenkam, die ihrer Meinung nach die Schuld an seinem Unglück trugen.

»Bist du Jockel?«, fragte Schonny verdutzt.

»Sie nennen mich so«, erklärte Spatz leise. Und dann fügte er noch leiser hinzu: »Joachim gefiel ihnen nicht und den Namen Spatz habe ich ihnen gar nicht erst verraten.« Er wurde rot und schwieg.

»Ach so!« Schonny grinste, aber ein richtiges Grinsen war es nicht.

»Ist ja ein ulkiger Besuch«, meinte einer der kranken Jungen. »Kommt herein und sagt nicht mal guten Tag.«

Der Junge hatte Recht, doch nun war es zu spät. Pit versuchte ein vorsichtiges Lächeln. »Wie geht es dir denn?«, fragte er Spatz.

»Gut.«

Spatz drehte den Kopf weg.

Dass die Jungen in dem Zimmer jedes Wort, das er sagte, mit anhören konnten, störte Pit. Es war schwer genug, etwas Vernünftiges zu sagen, so aber wurde es unmöglich. Er sah sich hilflos um.

Eule brach das Schweigen. »Es war alles meine Schuld«, sagte er. »Hätte ich nicht ... Und Fred ...« Er wurde verlegen, geriet immer mehr ins Stottern und verstummte schließlich ganz.

»Es war auch meine Schuld«, unterstützte Pit Eule und Schonny nickte eifrig: »Und meine! Meine auch.« Dann schwiegen sie wieder.

»Ihr könnt doch nichts dafür«, erwiderte Spatz. Doch er sagte es so, dass es klang, als hätte er eigentlich sagen wollen: Wozu erzählt ihr mir das?

»Fred sitzt im Gefängnis«, berichtete Eule da. »Er hat sich freiwillig festnehmen lassen.« Und nach einer Weile sagte er: »Es tut ihm alles sehr Leid.«

Das stimmte. Fred hatte es der Mutter gesagt, als sie ihn im Gefängnis besuchte. Er hätte sich sehr verändert, hatte die Mutter erzählt.

Als Spatz nichts sagte, fuhr Eule fort: »Meine Mutter sagt, er kriegt Bewährung und kommt in ein Heim, in dem er einen Beruf erlernen kann.«

Spatz nickte nur. Und dann fragte er das Einzige, was ihn wirklich interessierte: »Dieser Seiler, haben sie den?«

Eule schüttelte den Kopf. Jenen Anton Seiler, der, wie es nun herausgekommen war, Fred überredet hatte, bei dem Einbruch mitzumachen, hatte die Polizei nicht erwischt. Und die Mutter meinte, dass sie ihn auch in Zukunft nicht erwischen würde: Solche Ganoven wären viel zu schlau für die paar Polizisten, die der Krieg übrig gelassen hatte; außerdem sei es dafür nun auch schon viel zu spät, der Seiler wäre sicher längst über alle Berge.

»Ballo ist auch verschwunden«, erzählte Pit und berichtete, was in jener Nacht noch alles passiert war. Die Jungen in den Betten waren ganz still, so gespannt hörten sie zu, und auch Spatz lauschte. Aber als Pit fertig war, drehte er wieder den Kopf weg. »Besucht mich lieber nicht mehr«, bat er. »Meine Mutter will es nicht.«

»Sollen wir dir nicht die Schularbeiten bringen?«, fragte Schonny. Am Montag begann die Schule wieder, Spatz würde viel versäumen, wenn sie ihm nicht halfen.

»Meine Mutter will es nicht«, wiederholte Spatz, ohne den Kopf zurückzudrehen.

Pit, Eule und Schonny wussten nicht, was sie sagen sollten. Es war deutlich, nicht nur seine Mutter, auch Spatz wollte nicht, dass sie ihn noch einmal besuchten.

Mitten in die Verlegenheit hinein wurde die Tür geöffnet und eine Krankenschwester blickte ins Zimmer. »Die Besuchszeit ist beendet!«, rief sie in den Raum.

»Ihr müsst jetzt gehen«, sagte Spatz.

Da gingen Pit, Eule und Schonny. Ganz leise, so, als wollten sie niemanden stören, verließen sie das Krankenzimmer.

Es geht weiter

Pit, Eule und Schonny saßen auf den Stufen vor der Haustür der Rügener Straße 14, sahen den spielenden Kindern zu und schwiegen. Es gab nichts mehr zu sagen, nachdem sie so lange über alles geredet hatten: Über Spatz, der sich so verändert hatte, über Fred und das Leben im Gefängnis, über Ballos Untertauchen und sein Hauptquartier, das am Vormittag gesprengt worden war. Die Staubwolke war bis hin zur Rügener Straße zu sehen gewesen.

Karin kam aus dem Haus und ging gemeinsam mit Hansi und Dieter die Straße entlang. Und danach kam Pits Mutter vom Einkaufen zurück. Ihre Taschen waren kaum gefüllt.

Als es bereits dämmerte, kam Uli. Er blieb vor den Jungen stehen und sagte zu Pit: »Ich habe Arbeit. In einer Maschinenfabrik in Treptow.« Pit nickte nur.

»Was ist denn mit euch? Ihr seht ja aus, als würdet ihr geradewegs von einer Beerdigung kommen.«

Pit zuckte die Achseln.

»Mein Gott! Da habt ihr einmal Mist gemacht und schon lasst ihr die Köpfe hängen.« Uli wollte weiterreden, wollte die drei Jungen auf den Steinstufen aufheitern, Pit, Eule und Schonny aber blickten an ihm vorbei. Und dann standen sie langsam auf.

Ballos Mutter war gekommen. Sie sah erst zur Hausnummer über der Tür hoch und blickte dann die Jungen an. »Ich habe euch gesucht. Ich will euch fragen, ob ihr Herbert gesehen habt. Oder ob ihr irgendwas von ihm gehört habt.«

Pit, Eule und Schonny hatten Ballo weder gesehen noch etwas von ihm gehört, seit er verschwunden war.

Frau Ballwitz machte ein mutloses Gesicht. »Ich dachte mir das schon. Aber fragen wollte ich trotzdem.«

Uli hatte die ganze Zeit lang die Frau nur stumm angesehen, nun reichte er ihr die Hand: »Ich bin Pits Bruder.«

Frau Ballwitz nickte wie abwesend und wollte sich schon wieder abwenden, um die Straße zurückzugehen, da sagte Uli: »Wissen Sie was, kommen Sie doch für einen Moment zu uns hoch. Meine Mutter würde sich freuen.«

Frau Ballwitz zögerte, dann gab sie sich einen Ruck und betrat gemeinsam mit Uli den Hausflur.

Pit, Eule und Schonny setzten sich wieder hin und schwiegen weiter, bis Schonny sagte: »Montag fängt die Schule wieder an.«

»Wollen wir mal kurz hin?«, fragte Eule.

Pit und Schonny überlegten nicht lange. Die drei Jungen standen auf und gingen zu dem vier Querstraßen entfernten Schulgebäude. Dort kletterten sie auf die Mauer, die den Schulhof von der Straße trennte, und sahen in den halbdunklen, stillen Schulhof hinab, bis die laute Stimme des Hausmeisters ertönte: »Wollt ihr wohl von der Mauer! Verfluchte Gören!«

Pit, Eule und Schonny blieben sitzen. Sie sahen zu dem erleuchteten Fenster der Hausmeisterwohnung hin und warteten darauf, dass der weißhaarige Mann herausgestürzt kam. Als es so weit war, sprangen sie von der Mauer und liefen lachend davon.

Nachwort

Die Zeit, über die in diesem Buch berichtet wird, ist für viele längst Geschichte, deshalb möchte ich einiges, was unmittelbar mit den Geschehnissen dieses Romans und der Zeit, in der er spielt, zusammenhängt, noch ein wenig deutlicher ausführen.

Die nationalsozialistischen Führer, die 1933 mit Unterstützung der deutschen Industrie an die Macht gelangt waren und sich später durch Wahlen bestätigen ließen, hatten Deutschland in die Katastrophe geführt. Sie hatten einen Krieg entfacht, der so furchtbar und grausam war, wie ihn sich bis dahin niemand hatte vorstellen können und wie es für die Generationen, die heute unter vierzig sind, auch wohl schon nicht mehr vorstellbar ist. Dieser Krieg forderte nicht nur viele Millionen Tote – Soldaten, die auf den Schlachtfeldern umkamen, Männer, Frauen und Kinder, die unter den zerbombten Häusern begraben wurden –, er zerstörte einen Kontinent: Europa. Und dabei auch unser Land: Deutschland. Von dieser Zerstörung haben wir uns bis heute nicht erholt, wenn wir auch längst wieder im Wohlstand leben.

Aber die Nazis führten nicht nur nach außen Krieg, sie führten ihn auch nach innen: Wer gegen sie war, wurde eingesperrt und von den Inhaftierten wurde der größte Teil ermordet. Doch auch wer nichts gegen die Nazis unternahm, sondern nur einer anderen Rasse oder einer unerwünschten Religion angehörte, wurde verfolgt. Und das betraf zuallererst die Juden. Überall in Deutschland und überall dort, wo die deutschen Soldaten einmarschierten, wurden die Juden, die nicht rechtzeitig fliehen konnten, in Waggons verladen und in Konzentrationslager transportiert. Dort wurden sie zusammengepfercht, gequält und umgebracht. Sechs Millionen Menschen wurden auf diese Weise einfach ausgelöscht. Und ihre Mörder waren Deutsche, die sich später damit entschuldigten, dass sie nur Befehle befolgt hätten.

Nun gibt es in unserem Land Leute, die sagen: Alle Welt spricht von den Verbrechen der Deutschen, aber wer spricht von dem Leid, das uns zugefügt wurde? Es ist wahr, auch an uns wurden Verbrechen begangen. Als die deutschen Truppen zurückgetrieben wurden und sich ergeben mussten, rächten sich die Sieger an den Besiegten. Und die grausamste Rache verübten die, die besonders unter der deutschen Besetzung zu leiden gehabt hatten: die Polen, Russen und Tschechen.

Es ist kaum zu ermessen, was wir jenen Völkern angetan haben, wie viele Massenmorde wir dort begingen und wie sehr sie uns hassen mussten. Deshalb, so glaube ich, ist es verständlich, dass auch die Rache grausam wurde: Die Deutschen in den Ostgebieten wurden enteignet und vertrieben, geschlagen und böse misshandelt. Aber das geschah aus Wut und Trauer über das erlittene Unrecht heraus, nicht aus kalter Berechnung wie die Morde in den Todesfabriken der Nazis. Und die Deutschen wurden nicht vernichtet, wie sie selber es mit den Juden, Kommunisten, Sozialdemokraten und anderen Gegnern ihres Systems vorhatten, oder versklavt, wie sie die Menschen in den Ländern versklaven wollten, in die sie eingefallen waren. Diesen Unterschied sollten wir nie vergessen.

Die Truppen, die sich Deutschland aus dem Osten näherten, waren die Truppen der Sowjetunion, die Rote Armee – oder »die Russen«, wie wir die Vielzahl der Völker der ehemaligen Sowjetunion meistens genannt haben. Die Hitlerpropaganda hatte sie als primitives, blutrünstiges Volk dargestellt und die politische Weltanschauung der sowjetischen Führung, der Kommunismus, war zum Hauptfeind erklärt worden. Deshalb hatten die Deutschen die Bewohner der russischen Gebiete, in die sie eingefallen waren, als Untermenschen behandelt. Und als sie zurückweichen mussten, als immer deutlicher wurde, dass sie von ihren Führern verführt worden waren, als die russischen Soldaten, denen sie die Häuser angezündet, die Eltern, die Frauen und die Kinder ermordet hatten, sie über die eigenen Grenzen trieben, da war es zu spät, Irrtümer zu erkennen. Und die russischen Soldaten, denen ihre Führung die Rache an den – aus ihrer Sicht – Mördern und Brandstiftern erlaubte? Sie hatten bittere Jahre hinter sich, Jahre eines Bürgerkrieges, der viele Opfer gekostet hatte, Jahre eines Aufbaus, der Hungersnöte und Kampf mit sich gebracht hatte, und Jahre unter den Deutschen, die das Erbaute rücksichtslos zerstört hatten. Sie waren mit sich selbst nicht rücksichtsvoll umgegangen, warum sollten sie mit den Verwüstern ihres Landes rücksichtsvoll umgehen? All der Hass und die bittere Verzweiflung, die sich in den langen Kriegsjahren in ihnen aufgestaut hatten, entluden sich nun: Jetzt töteten, vergewaltigten und stahlen auch sie.

Sollten die Sieger Mitleid mit den Besiegten haben? Wie wäre es wohl gewesen, wenn nicht die Russen, Amerikaner, Engländer und Franzosen, sondern die von den Nazis geführten Deutschen den Krieg gewonnen hätten? Wer hätte da Mitleid mit den »Untermenschen« gehabt? Und doch, es gab viele Soldaten der Siegermächte, die Mitleid hatten, die deutsche Kinder in die Arme nahmen und ihnen schenkten, was sie bei sich trugen. Das habe ich selbst erlebt.

Der Krieg hatte aber auch bei den Siegern Spuren hinterlassen. Und insbesondere wieder bei den Russen, deren Land wir am barbarischsten zerstörten. Die Sieger verlangten Schadenersatz für die von uns angerichteten Verwüstungen und am meisten verlangte – unter Hinweis auf die Größe des entstandenen Schadens – die sowjetische Führung. Und so wurden die wenigen vom Krieg nicht zerstörten deutschen Industrieanlagen abgebaut und in die Länder der Sieger überführt. Eine Maßnahme, die das Leben im Nachkriegsdeutschland erschwerte und über deren Sinn heute gestritten wird; damals aber empfanden die Sieger das – zumindest in der ersten Zeit – als selbstverständlich.

Die deutsche Bevölkerung war verwirrt und verängstigt. Dass der Krieg, den ihre Führer angezettelt hatten, ein Verbrechen gewesen war, hatten viele von ihnen inzwischen eingesehen. Aber nun die Verbrechen der Sieger und die Entnazifizierungen, die oftmals aus Nazigegnern Nazis und aus echten Nazis Mitläufer machten. Und zu alldem das Elend, die zerstörten Städte, die verwüsteten Felder. Und die Ströme der von den Siegern aus ihrer ehemaligen ostdeutschen Heimat vertriebenen Obdachlosen, die in die Städte drangen und dort nicht bleiben durften, weil kein Platz für sie war. Die Not war groß, und jeder musste sehen, wie er überlebte. Dieses Sich-durchschlagen-Müssen, das Gerangel um Bezugsscheine, ohne die man keine Schuhe oder Kleidung bekam, die leeren Geschäfte und der ständige Hunger ließen die Menschen die Gedanken an die Verbrechen des Krieges zurückdrängen. Zwar sagten sie: »Lieber hungern als je wieder einen Krieg«, aber ihre vordringlichste Sorge war das tägliche Überleben. Und um überleben zu können, entdeckten sie den schwarzen Markt und die Hamsterfahrten.

Hamstern ist eigentlich eine falsche Bezeichnung für die Fahrten zu den Bauern, die die Menschen unternahmen, um Lebensmittel einzutauschen. Hamstern bedeutet ja: für schlechte Zeiten vorsorgen; die schlechten Zeiten aber waren da, die Leute lebten von der Hand in den Mund, niemand fuhr aufs Land, um etwas für später zurückzulegen. Und die Hamsterkontrollen, die dafür sorgten, dass die Menschen das bei den Bauern Eingetauschte wieder verloren? Sie waren notwendig, weil das Hamstern ungerecht war, denn nur die konnten hamstern, die etwas herzugeben hatten. Die Flüchtlinge aus dem Osten und die Ausgebombten, die entlassenen KZ-Häftlinge und die, die immer schon besitzlos gewesen waren, aber hatten nichts zum Tauschen und benötigten auch etwas zu essen.

Ebenso ungerecht war der schwarze Markt. Er war wichtig, weil es in den Wirren der ersten Nachkriegsjahre nur dort wirklich etwas gab. Aber auch hier konnten die unverschämt hohen Preise nur von jenen bezahlt werden, die etwas hatten. Die Schieber, die am schwarzen Markt verdienten, lebten gut dabei; diejenigen, die nichts mehr hatten, was sie noch gegen Lebensmittel eintauschen konnten, aber wurden täglich mehr und mehr. Erst die Währungsreform, die 1948 in den von den Amerikanern, Engländern und Franzosen besetzten deutschen Gebieten durchgeführt wurde, machte dem Schwarzmarktunwesen ein Ende. Denn jetzt war so etwas wie eine erste Ordnung aufgebaut worden, das Leben normalisierte sich. Und bereits einen Tag nach der Währungsreform waren die Läden wieder voll, gab es beinahe wieder alles zu kaufen und die Schieber mussten sich nach anderen Verdienstmöglichkeiten umsehen.

In jener Trümmer-, Hamster- und Schwarzmarktzeit verbrachten Pit, Eule, Spatz und Schonny die wichtigsten Jahre ihrer Kindheit. Sie waren in diese Zeit hineingeworfen worden und konnten vieles von dem, was um sie herum geschah, nicht verstehen. Aber ihnen ging es trotz allem noch verhältnismäßig gut; sie hatten ein Zuhause, hatten Mütter, die für sie sorgten, so gut es eben ging. Andere Kinder mussten sich selbst durchboxen und eiferten den Erwachsenen nach, die auch nicht lange über Moralfragen nachdachten, wenn der Hunger unerträglich wurde. Die Verwilderung der Kinder war unaufhaltsam und stieg ständig. So registrierte allein die Berliner Polizei im Jahre 1947 während eines einzigen Monats 280 Festnahmen von Kindern im Alter zwischen 8 und 14 Jahren: 199 wegen Diebstahls, 23 wegen Einbruchs, die anderen wegen Schwarzhandels und Körperverletzung. Und das waren nur die, die erwischt worden waren. Je öfter einer aber mit der Polizei zu tun bekam, desto mehr bewunderten ihn die anderen: Der wehrte sich gegen die Zeit, der ließ sich nicht unterbuttern, das war ein Kerl.

Ich habe über diese Zeit geschrieben, weil ich der Meinung bin, dass diejenigen, die keine eigenen Erinnerungen daran haben können, von ihr erfahren sollten. Man hört inzwischen öfter die Ansicht, die Nachkriegszeit sei so eine Art gute alte Zeit gewesen, da hätten die Menschen noch zusammengehalten und seien vom Wohlstand noch nicht verdorben gewesen. Ich halte solche Redereien für gefährlich, denn selbst die, die sich heute gerne an diese Zeit erinnern, wollen ja keine Neuauflage der Trümmerzeit erleben.

Ein anderer Anlass für dieses Buch: Es ist die besondere Pflicht der Autoren, die für Kinder und Jugendliche schreiben, darüber zu berichten, was in der Nazizeit geschah und welche Folgen diese zwölf schrecklichen Jahre hatten. Wenn auch in letzter Zeit verstärkt über die jüngste deutsche Vergangenheit geschrieben wurde, so dürfen wir doch in unseren Bemühungen nicht nachlassen. Vielleicht sind dann in einigen Jahren weniger Jugendliche dazu bereit, Häuserwände mit Naziparolen zu beschmieren, Ausländer zu verfolgen oder die Grabstätten jüdischer Mitbürger zu schänden.

Die Geschichte, die in diesem Buch erzählt wird, ist keine erfundene Geschichte, und auch die Personen, die in ihr vorkommen, sind nicht erfunden, sondern nur literarisch umgeformt und verdichtet worden. Deshalb will ich denen, die es interessiert, berichten, was aus Pit und Eule und ihren Freunden in den Jahren danach geworden ist.

Frau Kagelmann starb, als Pit siebzehn war. Er ging damals noch zur Schule und lebte einige Zeit bei seinem Bruder Uli. Nachdem er die Schule beendet hatte, studierte er in dem Teil Berlins, in dem er aufgewachsen war und der später zur DDR gehörte. Noch während des Studiums ging er nach Westberlin. Dort arbeitet er als Journalist.

Auch Ballo lebt in Berlin. Als er nach der Befreiung aus dem Tunnel floh, landete er bei einer Bande von Jugendlichen, die in den Wäldern um Berlin hausten und auf den Fernstraßen Autos überfielen und ausplünderten. Er wurde gefasst, verurteilt und nach seiner Entlassung aus dem Jugendgefängnis Kaufmann. Heute besitzt er eine Anzahl Gaststätten.

Pits Bruder Uli lebt noch immer in dem Viertel, in dem die Geschichte spielt. Er besuchte die Volkshochschule und wurde Lehrer. Heute arbeitet er in einer Behörde, die sich mit Fragen der Jugendpolitik beschäftigt.

Auch Spatz lebt noch in seiner Heimatstadt. Er wurde nie mehr ganz gesund, hinkt noch immer etwas. Als er aus dem Krankenhaus entlassen wurde, versuchten Pit und Eule ein paar Mal, sich ihm zu nähern, aber er lehnte alle Annäherungsversuche ab. Später studierte er mehrere Sprachen und arbeitet seitdem als Übersetzer.

Schonny wurde Bäcker und besitzt heute eine Bäckerei in Süddeutschland. Er hat die Hungerzeit nicht vergessen; steht ein Kind vor seiner Schaufensterscheibe und drückt sich die Nase platt, kommt er heraus und gibt ihm ein Stück Kuchen oder ein Brötchen, obwohl er weiß, dass das Kind keinen Hunger, sondern nur Appetit hat.

Die Familie Eulenberg zog von Berlin fort, als Herr Eulenberg 1949 aus der Gefangenschaft entlassen wurde. Sie zog in eine Kleinstadt in Mecklenburg. Eule, Karin und Dieter mussten mit. Pit und Eule schrieben sich noch einige Zeit, dann schlief der Briefverkehr ein und Pit hörte nur noch über Fred von Eule. Deshalb weiß er, dass Eule heute als Bauinstallateur arbeitet.

Karin ging nicht zum Film. Sie ist technische Zeichnerin geworden, ist verheiratet, hat drei Kinder und auch ihr Bruder Dieter lebt seit dem Tod der Eltern bei ihr.

Fred hatte in dem Jugendheim einen Beruf erlernt: Autoschlosser. Heute ist er Kfz-Meister in einer Reparaturwerkstatt im Berliner Stadtteil Friedrichshain.

Klaus Kordon

Inhalt

Eules Mutter *5*
Normale Zeiten *9*
In der Straßenbahn *17*
Dreck am Stecken *24*
Spatz und Schonny *29*
Das Hauptquartier *33*
Ballos Ziel *38*
Ein Vorschuss *41*
Der Weihnachtsmann ist da *47*
Eine Trümmerbande *52*
Auf der Mauer *54*
Hunger *60*
Eine freie Stelle *67*
Alte Freunde *74*
Ein Auftrag *80*
Leben und leben lassen *85*
Briefe an Uli *90*
Wer zuerst kommt … *92*
Von Hof zu Hof *99*
Dieter ist ein schöner Name *107*
Die Kleinen und die Großen *112*
Kinder haben es gut *120*
Vor dem Krankenhaus *124*
Eine Gelegenheit *127*
Mitmachen – oder nicht? *130*
Insulin *134*
Der Schuss *137*
Die Wahrheit *139*

Im Treppenhaus *143*
Durch die Nacht *146*
Schwarze Wände *149*
Die Flüsterstraße *152*
Etwas ist passiert *157*
Besucher *161*
Verschüttet *167*
Junge Deutsche – nix Faschisten *171*
Spitzhacken *177*
In der Kette *181*
Ulis Traum *183*
Bei Spatz *186*
Es geht weiter *191*

Nachwort *193*

Klaus Kordon

Klaus Kordon, geboren 1943 in Berlin, war Transportunternehmer und Lagerarbeiter, studierte Volkswirtschaft und unternahm als Exportkaufmann Reisen nach Afrika und Asien. Heute lebt er als freier Schriftsteller in Berlin. Seine Bücher wurden in zahlreiche Sprachen übersetzt und vielfach ausgezeichnet. Für sein Gesamtwerk erhielt Kordon den Alex-Wedding-Preis der Akademie der Künste zu Berlin und Brandenburg und den Großen Preis der Deutschen Akademie für Kinder- und Jugendliteratur. Bei Beltz & Gelberg erschienen u. a. die »Trilogie der Wendepunkte« mit den Romanen *Die Roten Matrosen*, *Mit dem Rücken zur Wand* und *Der erste Frühling*, sowie die »Jacobi-Saga« mit den Romanen *1848. Die Geschichte von Jette und Frieder*, *Fünf Finger hat die Hand* und *Im Spinnennetz*. Für seine Biographie über Erich Kästner, *Die Zeit ist kaputt*, erhielt Kordon den Deutschen Jugendliteraturpreis.
Zuletzt erschien von ihm *Joss oder Der Preis der Freiheit*, ein Prequel zu 1848.

Klaus Kordon
Die roten Matrosen oder Ein vergessener Winter
Bd. I der »Trilogie der Wendepunkte«
Roman, 480 Seiten, Gulliver TB 78921
Zürcher Kinderbuchpreis »La vache qui lit«, Preis der Leseratten

1918/19: Die Matrosen der kaiserlichen Marine meutern und kommen nach Berlin. Helle und Fritz aus der Ackerstraße freunden sich mit ihnen an und erleben die Revolution ...

Klaus Kordon
Mit dem Rücken zur Wand
Bd. II der »Trilogie der Wendepunkte«
Roman, 464 Seiten, Gulliver TB 78922
Zürcher Kinderbuchpreis »La vache qui lit«, »Der silberne Griffel«

1932/33: Die Weimarer Republik geht dem Ende entgegen, die Nationalsozialisten übernehmen die Macht. In dieser Zeit lebt Hans Gebhardt, fünfzehn Jahre alt, begeisterter Turner, Hinterhofkind.

Klaus Kordon
Der erste Frühling
Bd. III der »Trilogie der Wendepunkte«
Roman, 512 Seiten, Gulliver TB 78923
Buxtehuder Bulle, Evangelischer Buchpreis

1945: Die zwölfjährige Änne erlebt die letzten Monate des Krieges und wie die sowjetische Armee die Stadt besetzt. Eines Tages steht ein Mann vor der Tür, den sie noch nie gesehen hat: Es ist ihr Vater, der das KZ überlebt hat.

   www.beltz.de
Beltz & Gelberg, Postfach 10 01 54, 69441 Weinheim

Klaus Kordon
Paule Glück
Das Jahrhundert in Geschichten
Mit einer Zeittafel
348 Seiten (ab 12), Gulliver TB 78339

1904: Paule trägt Zeitungen aus, um für seine Familie etwas hinzu zu verdienen. Doch dann wird der Vater arbeitslos. Paule fängt in der Fabrik als Heizer an. 1941: Für Wolf ändert sich vieles, als er plötzlich den gelben Stern tragen muss. 1984: Gabi und Katja gehen beide in Berlin zur Schule, die eine in Berlin-Ost, die andere in Berlin-West …

Klaus Kordon
Das Karussell
Roman, 456 Seiten (ab 14), Gulliver TB 74466
Ebenfalls als E-Book erhältlich (74405)

Die Geschichte von Bertie und Lisa, zwei, die nichts voneinander wissen und sich aufeinander zu bewegen, als wären sie füreinander bestimmt. Ein wunderbarer Roman, mit dem Kordon die Geschichte einer großen Liebe in den Zeiten des 2. Weltkriegs erzählt und nebenbei ein halbes Jahrhundert Revue passieren lässt.

GULLIVER www.beltz.de
Beltz & Gelberg, Postfach 10 01 54, 69441 Weinheim

Christine Nöstlinger
Maikäfer, flieg!
Mein Vater, das Kriegsende, Cohn und ich
Roman, 224 Seiten (ab 12), Gulliver TB 78475
Buxtehuder Bulle, Auswahlliste zum Deutschen Jugendbuchpreis
Ebenfalls als E-Book erhältlich (74298)

Diese Pulverlandgeschichte ist wirklich passiert. Sie handelt von sehr verschiedenen Menschen, von Trümmerbergen und von der Freundschaft, die ein neunjähriges Mädchen mit einem russischen Koch verbindet. Cohn, der Soldatenkoch, wird zum Symbol der Menschlichkeit in einer unmenschlichen Zeit. – Eine Familiengeschichte aus dem Nachkriegs-Wien, voll Komik und Tragik.

Arnulf Zitelmann
Paule Pizolka oder
Eine Flucht durch Deutschland
Roman, 384 Seiten (ab 14), Gulliver TB 74115
Gustav Heinemann-Friedenspreis

Als Paule Pizolka, 16 Jahre, zur Musterung eingezogen werden soll, haut er ab, denn er glaubt nicht an Hitlers Krieg. Auf seiner Flucht quer durchs Deutsche Reich erlebt er die Schrecken, die 1942 zum normalen Alltag gehören. Die schlimmste Zeit macht er jedoch im Jugend-KZ Moringen durch. Wäre da nicht Ulla, die er liebt, hätte er längst aufgegeben.

GULLIVER www.beltz.de
Beltz & Gelberg, Postfach 10 01 54, 69441 Weinheim